舊漢字字典

野ばら社編

舊漢字字典

目次

象形文字……………前付　三
總畫索引……………前付　四〜一六
本文（舊漢字字典）……………一〜一七六
毛筆で書く「四字成句」………一七七〜一八九
毛筆で書く「論語」……………一九〇〜二〇七
音訓索引………後付（一）〜（三二）
總頁數　二五六

凡例

本書の親字は、正字（舊漢字）で表記。
總畫數順に部首ごとにまとめて收錄。
本書の收錄字數は、二〇四三字。
親字の常用漢字體（人名用漢字體を含む）は、
　各欄の末尾に表示。
正字と常用漢字體が同じ場合は、表示しない。
讀みは、現代假名遣いによる。
音訓表示は、音はカタカナ、訓はひらがな。
人名の讀みは、名＝として音訓の末尾に掲載。
國字は、その音訓の前に【国字】と表示。

象形文字

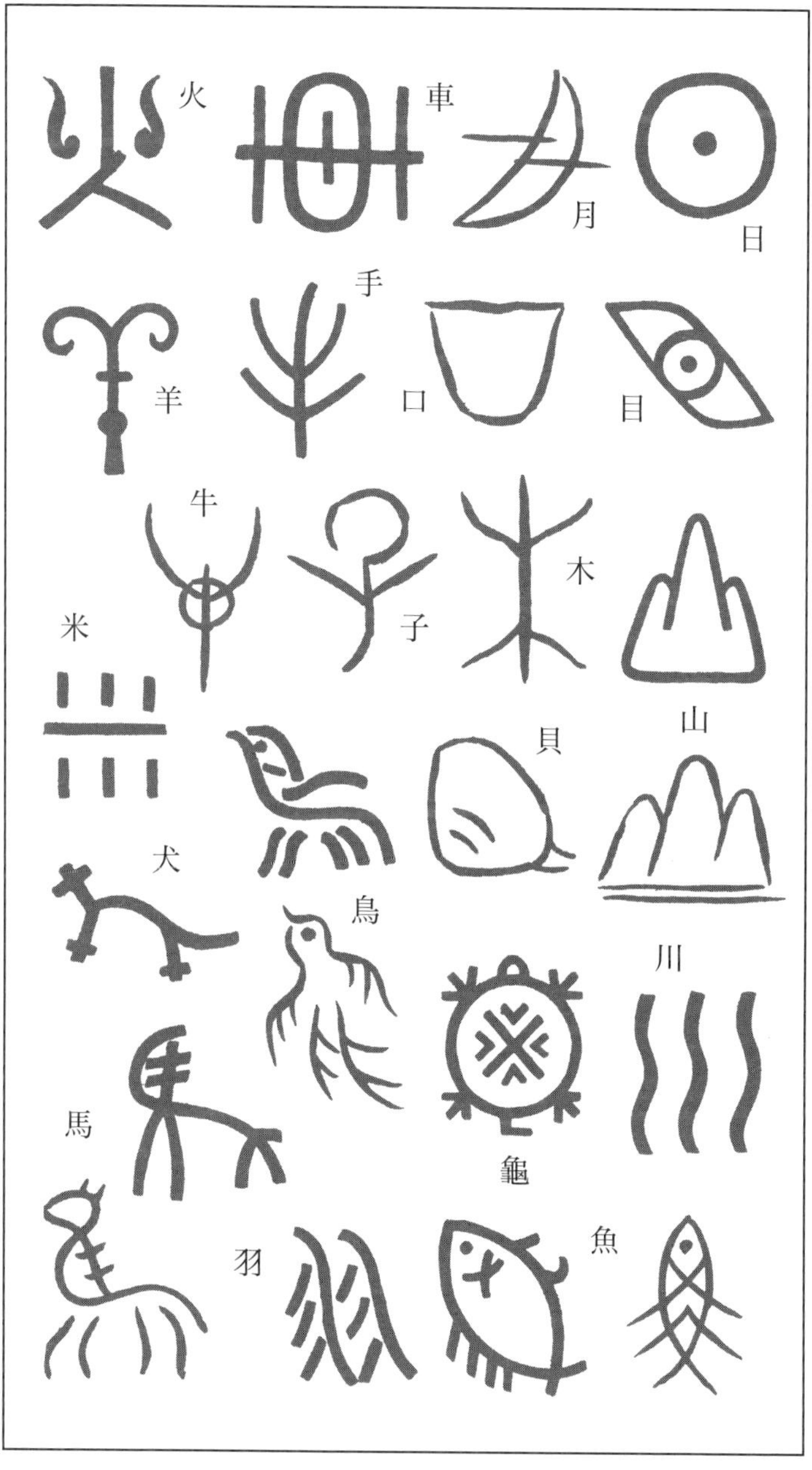

總畫索引

一畫
一 一
乙 一

二畫
二 一
七 一
八 一
人 一
入 一
九 一
乃 一
刀 一
十 一
力 二
又 二
丁 二
了 二

三畫
丈 二
三 二
上 二
下 二
丸 二
也 二
凡 二
勺 二
久 三
之 三
千 三
才 三
亡 三
己 三
女 三
口 三
子 三
士 三
川 三
寸 三
工 四
大 四
小 四
土 四
干 四
刃 四
山 四
夕 四
弓 四

四畫
仁 五
化 五
不 五
丑 五
廿 五
卅 五
升 五
乏 五
午 五
壬 五
及 五
中 六
凶 六
丹 六
内 六
厄 六
巴 六
勿 六
匁 六
匂 六
六 六
云 六
互 六
五 七
井 七
元 七
匹 七
公 七
分 七
允 七
友 七
反 七
今 七
介 七
切 七
刈 八
冗 八
幻 八
孔 八
尺 八
天 八
太 八
夫 八
少 八
屯 八
弔 八
引 八
犬 九
氏 九
牛 九
片 九
木 九
斤 九
比 九
毛 九
心 九
支 九
王 九
父 九
月 一〇
手 一〇
戸 一〇
斗 一〇
止 一〇
日 一〇
曰 一〇
火 一〇
文 一〇
方 一〇
水 一〇

五畫
仕 一二
代 一二
仙 一二
付 一二
他 一二
丙 一二
丘 一二
世 一二
正 一二
且 一二
主 一二
斥 一三
以 一三
出 一三
凸 一三
凹 一三
冊 一三
半 一三
句 一三
包 一三
令 一三
巨 一二
刊 一三
平 一三
幼 一三
奴 一三
古 一三
兄 一三
右 一三
加 一三
召 一三
占 一三
可 一三
司 一三
史 一四

四 一四　囚 一四　汁 一四　氷 一四　永 一四　犯 一四　尼 一四　功 一四　巧 一四　左 一四　央 一四　去 一五　打 一五　市 一五
布 一五　冬 一五　外 一五　弘 一五　民 一五　札 一五　末 一五　未 一五　本 一五　必 一六　由 一六　甲 一六　申 一六　穴 一六
甘 一六　石 一六　生 一六　玄 一六　皿 一六　示 一六　白 一六　田 一七　立 一七　玉 一七　母 一七　皮 一七　矛 一七　目 一七
用 一七　矢 一七　失 一七

六畫

仲 一八　休 一八　任 一八　件 一八　仰 一八　伏 一八　伐 一八　匠 一八　同 一八
灰 一八　交 一八　衣 一九　冴 一九　次 一九　合 一九　企 一九　全 一九　兆 一九　先 一九　充 一九　印 一九　旬 一九　危 一九
安 二〇　宇 二〇　字 二〇　守 二〇　宅 二〇　好 二〇　如 二〇　妃 二〇　妄 二〇　行 二〇　吐 二〇　叫 二〇　因 二一　回 二一
池 二一　江 二一　汚 二一　汗 二一　汎 二一　光 二一　地 二一　帆 二一　忙 二一　向 二一　吉 二二　多 二二　名 二二　各 二二
列 二三　死 二三　式 二三　后 二三　在 二三　存 二三　有 二三　吏 二三　朴 二三　朽 二三　机 二三　込 二三　肉 二三　肌 二三
旨 二三　早 二三　互 二三　收 二三　百 二三　米 二三　竹 二四　羽 二四　羊 二四　舟 二四　耳 二四　朱 二四　舌 二四　至 二四
自 二四　再 二四　共 二四　州 二四　西 二五　劣 二五　色 二五　曲 二五　血 二五　寺 二五　年 二五　考 二五　老 二五

七畫

位 二六　作 二六　伸 二六　何 二六　似 二六　伯 二六　佐 二六　住 二六　伺 二六　但 二六　低 二六　伴 二七
佛 二七　臣 二七　助 二七　冷 二七　克 二七　兎 二七　却 二七　判 二七　別 二七　利 二七　完 二七　延 二八　廷 二八　邪 二八

那 二八　邦 二八　妊 二八　妨 二八　妙 二八　努 二八　役 二八　吹 二八　吟 二八　吸 二九　呈 二九　君 二九　告 二九　否 二九
谷 二九　含 二九　呉 二九　束 二九　困 二九　狂 二九　防 二九　沖 三〇　汽 三〇　決 三〇　沈 三〇　沒 三〇　尾 三〇　尿 三〇
局 三〇　肖 三〇　均 三〇　坑 三〇　坂 三〇　坊 三一　扱 三一　技 三一　抗 三一　抄 三一　折 三一　投 三一　把 三一　批 三一
扶 三二　抑 三二　希 三二　序 三二　床 三二　岐 三二　快 三二　形 三二　我 三二　成 三二　戒 三二　材 三二　杉 三二　村 三二
芋 三三　芝 三三　步 三三　忌 三三　志 三三　忍 三三　忘 三三　壯 三三　迅 三三　巡 三三　肝 三三　更 三三　里 三三　妥 三四
改 三四　攻 三四　災 三四　孝 三四　每 三四　究 三四　初 三四　男 三四　町 三四　私 三四　秀 三四　系 三五　赤 三五　足 三五
貝 三五　辛 三五　車 三五　言 三五　走 三五　豆 三五　身 三五　角 三五　見 三五　良 三六　兵 三六　求 三六　卵 三六　弟 三六

八畫

依 三六　佳 三六　供 三六　使 三七　侍 三七　例 三七　亞 三七　兩 三七　垂 三七　事 三七　卑 三七　劾 三七
協 三七　卒 三七　夜 三七　京 三八　享 三八　卓 三八　舍 三八　命 三八　來 三八　兒 三八　卷 三八　券 三八　取 三八　叔 三八
刑 三八　刻 三九　刷 三九　刺 三九　制 三九　到 三九　官 三九　宜 三九　宗 三九　宙 三九　定 三九　邸 三九　始 三九　姉 四〇
姓 四〇　妹 四〇　妻 四〇　往 四〇　征 四〇　彼 四〇　呼 四〇　味 四〇　周 四〇　固 四〇　阻 四〇　附 四一　泳 四一　沿 四一
河 四一　泣 四一　況 四一　治 四一　沼 四一　注 四一　泥 四一　波 四一　泊 四一　泌 四二　沸 四二　法 四二　泡 四二　油 四二

居 四二	屈 四二	届 四二	武 四二	奇 四二	尙 四二	坪 四二	幸 四三	押 四三	拐 四三	拒 四三	拘 四三	招 四三	拙 四三
拓 四三	抽 四三	抵 四三	拍 四三	拔 四三	披 四四	拂 四四	抱 四四	抹 四四	底 四四	店 四四	府 四四	岸 四四	岩 四四
岬 四四	弦 四四	怪 四四	性 四五	怖 四五	物 四五	牧 四五	版 四五	枚 四五	枝 四五	松 四五	析 四五	杯 四五	板 四五
林 四五	枠 四六	果 四六	花 四六	芯 四六	芽 四六	芳 四六	忠 四六	念 四六	状 四六	近 四六	迎 四六	返 四六	肢 四七
肺 四七	肥 四七	服 四七	朋 四七	肪 四七	明 四七	育 四七	肯 四七	肩 四七	戻 四七	房 四七	所 四八	毒 四八	易 四八
昆 四八	昇 四八	昔 四八	東 四八	采 四八	受 四八	争 四八	乳 四八	炊 四八	炎 四九	放 四九	空 四九	社 四九	的 四九
和 四九	委 四九	季 四九	具 四九	直 四九	盲 四九	知 四九	青 五〇	非 五〇	雨 五〇	金 五〇	長 五〇	門 五〇	承 五〇
奉 五〇	典 五〇	表 五〇	**九畫**		係 五一	侯 五一	俊 五一	信 五一	侵 五一	促 五一	俗 五一	便 五一	侮 五一
保 五一	幽 五一	厚 五二	厘 五二	南 五二	勉 五二	勇 五二	哀 五二	亭 五二	卸 五二	即 五二	削 五二	剃 五二	則 五二
冠 五三	軍 五三	客 五三	室 五三	宣 五三	建 五三	郊 五三	姻 五三	姿 五三	要 五三	後 五三	待 五三	律 五四	咲 五四
品 五四	狩 五四	孤 五四	限 五四	降 五四	活 五四	洪 五四	洗 五四	津 五四	洞 五四	派 五五	洋 五五	染 五五	彦 五五
屋 五五	耐 五五	封 五五	奔 五五	契 五五	垣 五五	型 五五	括 五五	拷 五六	指 五六	持 五六	拾 五六	挑 五六	拜 五六

帝 五六
帥 五六
度 五六
炭 五六
峠 五六
弧 五六
恆 五七
恨 五七
牲 五七
威 五七
枯 五七
相 五七
柱 五七
栘 五七
柄 五七
柳 五七
架 五七
某 五七
柔 五八
查 五八
英 五八
苛 五八
苦 五八
若 五八
苗 五八
茂 五八
急 五八
思 五八
怠 五八
怒 五八
述 五九
迭 五九
迫 五九
油 五九
珍 五九
胎 五九
胞 五九
前 五九
胃 五九
背 五九
映 五九
昨 五九
昭 六〇
者 六〇
春 六〇
是 六〇
星 六〇
重 六〇
故 六〇
政 六〇
致 六〇
畑 六〇
施 六〇
段 六〇
突 六一
砂 六一
盆 六一
祈 六一
祉 六一
皇 六一
泉 六一
皆 六一
界 六一
科 六一
秋 六一
秒 六一
冒 六二
盾 六二
省 六二
看 六二
疫 六二
紀 六二
糾 六二
紅 六二
約 六二
虐 六二
美 六二
貞 六二
負 六三
軌 六三
計 六三
訂 六三
赴 六三
音 六三
革 六三
風 六三
首 六三
食 六三
飛 六三
香 六三
面 六四
甚 六四
奏 六四

十畫

個 六四
候 六四
借 六四
修 六四
値 六四
倒 六四
俳 六四
倍 六五
俵 六五
併 六五
倣 六五
俸 六五
倫 六五
竝 六五
乘 六五
原 六五
辱 六五
唇 六五
能 六五
脅 六六
高 六六
衰 六六
畜 六六
衷 六六
准 六六
凍 六六
兼 六六
倉 六六
剛 六六
剝 六六
剖 六六
案 六七
宴 六七
家 六七
害 六七
宮 六七
宰 六七
宵 六七
容 六七
郡 六七
郎 六七
姬 六七
娘 六七
娯 六八
娠 六八
徐 六八
徒 六八
徑 六八
唆 六八
狹 六八
孫 六八
院 六八
除 六八
陣 六八
陛 六八
浦 六九
海 六九
浩 六九
酒 六九
消 六九
涉 六九
浸 六九
浮 六九
浴 六九
流 六九
浪 六九
展 六九
埋 七〇
城 七〇
挾 七〇
振 七〇
捕 七〇
哲 七〇

悔	悅	弱	島	峰	峽	庫	唐	庭	席	座	夏	師	拳
七一	七一	七一	七一	七一	七一	七一	七一	七〇	七〇	七〇	七〇	七〇	七〇
氣	桑	桃	栓	根	校	株	核	格	栽	特	殉	殊	悟
七二	七二	七二	七二	七二	七二	七二	七二	七二	七二	七一	七一	七一	七一
迷	逃	追	退	送	逆	恭	息	恐	恩	茶	草	荒	茨
七三	七三	七三	七三	七三	七三	七三	七三	七三	七三	七三	七三	七三	七三
烈	旅	效	晉	書	時	扇	朕	脈	胴	脂	胸	班	珠
七五	七五	七四	七四	七四	七四	七四	七四	七四	七四	七四	七四	七四	七四
秩	租	畝	留	畔	祐	祖	神	祝	泰	益	被	砲	破
七六	七六	七六	七六	七五	七五	七五	七五	七五	七五	七五	七五	七五	七五
紋	紛	紡	納	純	紙	級	病	疲	症	疾	眞	眠	祕
七七	七七	七七	七七	七七	七七	七六	七六	七六	七六	七六	七六	七六	七六
耕	蚊	恥	臭	缺	般	航	差	翁	笑	料	粉	素	索
七八	七八	七八	七八	七八	七八	七八	七八	七七	七七	七七	七七	七七	七七
針	射	起	配	酌	討	託	訓	記	軒	貢	員	財	耗
七九	七九	七九	七九	七九	七九	七九	七九	七九	七九	七八	七八	七八	七八
偏	偵	停	側	健	偶	假	偉	**十一畫**		骨	鬼	馬	隻
八一	八〇	八〇	八〇	八〇	八〇	八〇	八〇			八〇	八〇	七九	七九
郭	密	宿	寂	寄	副	率	務	動	勘	匿	區	乾	條
八二	八二	八二	八一	八一	八一	八一	八一	八一	八一	八一	八一	八一	八一
國	圈	商	唯	啄	唱	得	術	從	婆	婦	婚	郵	部
八三	八三	八三	八三	八三	八三	八三	八三	八三	八三	八三	八三	八三	八三
深	淨	淑	混	涯	液	陵	陸	陪	陶	陳	陷	陰	猛
八四	八四	八四	八四	八四	八四	八四	八三	八三	八三	八三	八三	八三	八三

清 八四　淡 八四　添 八四　涼 八四　淚 八四　淺 八五　參 八五　彩 八五　彫 八五　晝 八五　尉 八五　專 八五　巢 八五　常 八五
堂 八五　域 八五　培 八五　堀 八六　基 八六　掛 八六　掘 八六　控 八六　採 八六　捨 八六　授 八六　推 八六　据 八六　接 八六
措 八六　掃 八七　探 八七　排 八七　帳 八七　帶 八七　康 八七　庸 八七　庶 八七　崎 八七　崇 八七　崩 八七　張 八七　情 八八
惜 八八　悼 八八　欲 八八　械 八八　梢 八八　梅 八八　荷 八八　莊 八八　莖 八八　患 八八　悠 八八　將 八九　逝 八九　造 八九
速 八九　逐 八九　通 八九　途 八九　透 八九　連 八九　既 八九　球 八九　現 八九　理 九〇　望 九〇　脚 九〇　脱 九〇　豚 九〇
朗 九〇　啓 九〇　斜 九〇　敍 九〇　晩 九〇　曹 九〇　晟 九〇　救 九一　教 九一　赦 九一　敕 九一　敏 九一　旋 九一　族 九一
殺 九一　窓 九一　窒 九一　研 九一　產 九一　祥 九二　祭 九二　略 九二　累 九二　章 九二　移 九二　眼 九二　眺 九二　紺 九二
細 九二　終 九二　紹 九二　紳 九三　組 九三　粗 九三　粘 九三　粒 九三　袋 九三　第 九三　符 九三　笛 九三　處 九三　票 九三
習 九三　翌 九四　船 九四　舶 九四　蛇 九四　敗 九四　販 九四　貨 九四　貫 九四　責 九四　貧 九四　軟 九四　許 九四　訟 九五
設 九五　訪 九五　規 九五　雪 九五　釣 九五　飢 九五　閉 九五　問 九五　頂 九五　麻 九五　魚 九五　鳥 九六　麥 九六　執 九六
野 九六

十二畫

傑 九六　備 九六　傍 九六　博 九六　勞 九六　傘 九六　堯 九六　割 九七　創 九七　剩 九七　寒 九七
富 九七　都 九七　巽 九七　媒 九七　媛 九七　街 九七　御 九七　循 九七　復 九八　喝 九八　喚 九八　喫 九八　圍 九八　喪 九八

單 九八
猪 九八
猶 九八
猫 九八
階 九八
隅 九八
隊 九九
陽 九九
隆 九九
喜 九九
壹 九九
渦 九九
渴 九九
減 九九
湖 九九
港 九九
渚 九九
測 九九
渡 一〇〇
湯 一〇〇
湧 一〇〇
貳 一〇〇
尋 一〇〇
尊 一〇〇
壻 一〇〇
堪 一〇〇
場 一〇〇
堤 一〇〇
堅 一〇〇
報 一〇〇
握 一〇一
援 一〇一
換 一〇一
揮 一〇一
提 一〇一
揭 一〇一
插 一〇一
描 一〇一
揚 一〇一
幅 一〇一
帽 一〇一
就 一〇一
强 一〇二
惰 一〇二
惱 一〇二
愉 一〇二
殘 一〇二
殖 一〇二
款 一〇二
欺 一〇二
幾 一〇二
裁 一〇二
惑 一〇二
棺 一〇二
棋 一〇三
極 一〇三
棧 一〇三
植 一〇三
棟 一〇三
棒 一〇三
棚 一〇三
森 一〇三
萎 一〇三
華 一〇三
菓 一〇三
菊 一〇三
菌 一〇四
菜 一〇四
悲 一〇四
惡 一〇四
惠 一〇四
逸 一〇四
週 一〇四
進 一〇四
逮 一〇四
琢 一〇四
琴 一〇四
勝 一〇四
脹 一〇五
腕 一〇五
期 一〇五
朝 一〇五
掌 一〇五
雇 一〇五
扉 一〇五
晴 一〇五
景 一〇五
最 一〇五
量 一〇五
晶 一〇五
替 一〇六
曾 一〇六
普 一〇六
舜 一〇六
爲 一〇六
敢 一〇六
散 一〇六
焦 一〇六
無 一〇六
殼 一〇六
買 一〇六
硬 一〇六
硝 一〇七
硫 一〇七
補 一〇七
裕 一〇七
盛 一〇七
盜 一〇七
視 一〇七
皓 一〇七
異 一〇七
畫 一〇七
童 一〇七
程 一〇七
税 一〇八
登 一〇八
發 一〇八
疎 一〇八
短 一〇八
痛 一〇八
痘 一〇八
痢 一〇八
給 一〇八
結 一〇八
絞 一〇八
絶 一〇八
統 一〇九
絡 一〇九
絲 一〇九
紫 一〇九
粧 一〇九
裂 一〇九
筋 一〇九
策 一〇九
等 一〇九
答 一〇九
筒 一〇九
筆 一〇九
衆 一一〇
虚 一一〇
翔 一一〇
善 一一〇
着 一一〇
距 一一〇
象 一一〇
貯 一一〇
賀 一一〇
貴 一一〇
貸 一一〇
費 一一〇
貿 一一一
軸 一一一
詠 一一一
詐 一一一
詞 一一二
詔 一一二
診 一一二
訴 一一二
評 一一二
酢 一一二
番 一一二
越 一一二
超 一一三
雲 一一三
雰 一一三
鈍 一一三
雅 一一三
雄 一一三

集 一二二
開 一二二
閒 一二二
閑 一二二
項 一二二
順 一二二
黄 一二三
黒 一二三

十三畫

債 一二三
催 一二三
傾 一二三
傷 一二三
傳 一二三
働 一二三
勤 一二三
勢 一二四
裏 一二四
與 一二四
會 一二四
鄕 一二四
嫁 一二四
嫌 一二四
微 一二四
園 一二四
圓 一二四
嗣 一二四
猿 一二四
隔 一二五
溫 一二五
滑 一二五
源 一二五
溝 一二五
滋 一二五
溶 一二五
溪 一二五
滅 一二五
準 一二五
奧 一二五
當 一二五
塊 一二六
塚 一二六
塔 一二六
塑 一二六
塗 一二六
携 一二六
搾 一二六
搜 一二六
損 一二六
搭 一二六
搬 一二六
搖 一二六
幹 一二七
廉 一二七
廊 一二七
慌 一二七
愼 一二七
感 一二七
歲 一二七
載 一二七
楼 一二七
棄 一二七
業 一二七
新 一二七
葛 一二八
葬 一二八
著 一二八
募 一二八
葉 一二八
落 一二八
萬 一二八
意 一二八
愚 一二八
愁 一二八
想 一二八
裝 一二八
違 一二九
運 一二九
過 一二九
遇 一二九
遂 一二九
達 一二九
道 一二九
遍 一二九
遊 一二九
聖 一二九
腰 一二九
腸 一二九
腦 一三〇
腹 一三〇
暗 一三〇
暇 一三〇
暖 一三〇
暑 一三〇
愛 一三〇
亂 一三〇
敬 一三〇
煙 一三〇
煩 一三〇
煮 一三〇
照 一三一
殿 一三一
罪 一三一
置 一三一
碎 一三一
碑 一三一
碁 一三一
瓶 一三一
裸 一三一
盟 一三一
祿 一三一
禁 一三二
靖 一三三
睡 一三三
督 一三三
稚 一三三
絹 一三三
經 一三三
虞 一三三
虜 一三三
號 一三三
義 一三三
群 一三三
肅 一三三
艇 一三三
跡 一三三
跳 一三三
路 一三三
賊 一三三
賄 一三三
資 一三三
賃 一三三
較 一三三
該 一三三
詰 一三三
詮 一三三
誇 一三四
詩 一三四
試 一三四
詳 一三四
話 一三四
酬 一三四
酪 一三四
農 一三四
解 一三四
電 一三四
雷 一三四
零 一三四
鉛 一三五
鉢 一三五
鈴 一三五
飲 一三五
飯 一三五
頑 一三五
頒 一三五
預 一三五
靴 一三五
鼓 一三五

十四畫

僞 一三六
僧 一三六
像 一三六
僕 一三六
僚 一三六
豪 一三六
齊 一三六

寡 二二六
察 二二六
寢 二二六
寧 二二六
賓 二二七
實 二二七
嫡 二二七
嘆 二二七
鳴 二二七
團 二二七
圖 二二七
獄 二二七
際 二二七
障 二二七

壽 二二七
臺 二二七
演 二二八
漢 二二八
漁 二二八
漆 二二八
漸 二二八
滯 二二八
漬 二二八
滴 二二八
漠 二二八
漂 二二八
滿 二二八
漫 二二八

漏 二二九
彰 二二九
獎 二二九
境 二二九
塀 二二九
塾 二二九
摘 二二九
腐 二二九
慨 二二九
慣 二二九
慢 二二九
慘 二二九
歌 二三〇
構 二三〇

槙 二三〇
榮 二三〇
慈 二三〇
蓋 二三〇
蒸 二三〇
蓄 二三〇
墓 二三〇
幕 二三〇
夢 二三〇
態 二三〇
遠 二三一
遣 二三一
遮 二三一
遙 二三一

對 二三一
奪 二三一
旗 二三一
署 二三一
罰 二三一
褐 二三一
複 二三一
盡 二三一
禍 二三一
禎 二三一
福 二三一
端 二三一
兢 二三一
種 二三一

稱 二三二
疑 二三二
維 二三二
綱 二三二
綿 二三二
網 二三二
綠 二三二
粹 二三二
精 二三二
製 二三二
管 二三二
箇 二三二
算 二三二
翠 二三二

肇 二三三
舞 二三三
踊 二三三
輕 二三三
語 二三四
誤 二三四
誌 二三四
誠 二三四
說 二三四
誕 二三四
認 二三四
誘 二三四
誓 二三四
酵 二三四

酷 二三四
酸 二三四
需 二三五
銀 二三五
銃 二三五
銑 二三五
銅 二三五
銘 二三五
飼 二三五
飾 二三五
飽 二三五
雌 二三五
閣 二三五
閥 二三五

聞 二三六
領 二三六
馱 二三六
魂 二三六
鼻 二三六

十五畫

億 二三六
價 二三六
儀 二三六
儉 二三七
劇 二三七
劍 二三七
寬 二三七

審 二三七
寮 二三七
寫 二三七
衝 二三七
徹 二三七
德 二三七
徵 二三七
舖 二三七
隣 二三八
賣 二三八
潟 二三八
潔 二三八
澁 二三八
潤 二三八

澄 二三八
潛 二三八
潮 二三八
影 二三八
層 二三八
履 二三八
賞 二三九
憂 二三九
增 二三九
墮 二三九
墜 二三九
撮 二三九
撤 二三九
撲 二三九

弊 二三九
幣 二三九
慶 二三九
廣 二三九
廢 二四〇
彈 二四〇
憧 二四〇
憎 二四〇
歐 二四〇
概 二四〇
樞 二四〇
樺 二四〇
槽 二四〇
標 二四〇

模 一四〇
樣 一四〇
樓 一四一
樂 一四一
慕 一四一
暮 一四一
蓮 一四一
慰 一四一
慧 一四一
遮 一四一
遭 一四一
適 一四一
膜 一四一
暫 一四一
暴 一四二
敵 一四二
敷 一四二
數 一四二
熟 一四二
熱 一四二
穀 一四二
毆 一四二
窮 一四二
窯 一四二
罷 一四二
確 一四二
磁 一四二
監 一四二
盤 一四三
稻 一四三
稼 一四三
稿 一四三
緯 一四三
緣 一四三
緩 一四三
緒 一四三
線 一四三
締 一四三
編 一四四
練 一四四
緊 一四四
節 一四四
箸 一四四
箱 一四四
範 一四四
膚 一四四
慮 一四四
養 一四四
踏 一四四
踐 一四四
賜 一四五
賠 一四五
賦 一四五
質 一四五
輪 一四五
輝 一四五
輩 一四五
課 一四五
請 一四五
談 一四五
調 一四五
論 一四五
醉 一四六
趣 一四六
震 一四六
銳 一四六
餌 一四六
閱 一四六
駐 一四六
魅 一四六
髮 一四六
摩 一四六
瘦 一四六
墨 一四六
齒 一四七

十六畫

儒 一四七
曆 一四七
歷 一四七
凝 一四七
興 一四七
劑 一四七
憲 一四七
衞 一四八
衡 一四八
蔽 一四八
噴 一四八
器 一四八
獨 一四八
學 一四八
隨 一四八
險 一四八
激 一四八
濁 一四八
濃 一四八
澤 一四九
導 一四九
奮 一四九
壇 一四九
墳 一四九
墾 一四九
壁 一四九
據 一四九
操 一四九
擇 一四九
擔 一四九
擁 一四九
憶 一五〇
憾 一五〇
憤 一五〇
戰 一五〇
橫 一五〇
機 一五〇
橋 一五〇
樹 一五〇
憩 一五〇
遺 一五〇
遵 一五〇
選 一五〇
遷 一五一
遲 一五一
遼 一五一
膨 一五一
曉 一五一
曇 一五一
整 一五一
燒 一五一
燈 一五一
燃 一五一
勳 一五一
默 一五一
龍 一五二
積 一五二
縣 一五二
縛 一五二
糖 一五二
築 一五二
篤 一五二
融 一五二
螢 一五二
豫 一五二
賢 一五二
賭 一五二
辨 一五三
輸 一五三
謁 一五三
諮 一五三
諸 一五三
諾 一五三
諦 一五三
謀 一五三
諭 一五三
親 一五三
靜 一五三
鋼 一五三
錯 一五四
錠 一五四
錘 一五四
錢 一五四
錄 一五四
餓 一五四
餘 一五四
頭 一五四
頻 一五四
賴 一五四
磨 一五四
龜 一五四

十七畫
償 一五五
優 一五五
壓 一五五
勵 一五五
褒 一五五
嚇 一五五
營 一五五
獲 一五五
隱 一五五
濟 一五五
濕 一五五
濯 一五六
濱 一五六
擬 一五六
擦 一五六
擧 一五六
擊 一五六
應 一五六
嶽 一五六
彌 一五六
戲 一五六
檢 一五六
薪 一五六
薦 一五七
薄 一五七
懇 一五七
還 一五七
避 一五七
環 一五七
臆 一五七
膽 一五七
謄 一五七
燥 一五七
齋 一五七
磯 一五七
礁 一五八
禪 一五八
穗 一五八
瞬 一五八
瞳 一五八
矯 一五八
療 一五八
縱 一五八
縮 一五八
績 一五八
總 一五八
縫 一五八
繁 一五九
聰 一五九
聲 一五九
購 一五九
轄 一五九
謙 一五九
講 一五九
謝 一五九
謠 一五九
醜 一五九
霜 一五九
鍛 一五九
鍊 一六〇
隸 一六〇
闇 一六〇
館 一六〇
餠 一六〇
鮮 一六〇
黛 一六〇
點 一六〇
韓 一六〇

十八畫
獵 一六一
濫 一六一
擴 一六一
歸 一六一
斷 一六一
舊 一六一
薰 一六一
曙 一六一
曜 一六一
爵 一六一
燿 一六一
礎 一六二
襟 一六二
禮 一六二
壘 一六二
癖 一六二
癒 一六二
織 一六二
繕 一六二
糧 一六二
簡 一六二
覆 一六二
翻 一六二
翼 一六三
職 一六三
蟲 一六三
轉 一六三
謹 一六三
醫 一六三
臨 一六三
豐 一六三
鎌 一六三
鎖 一六三
鎭 一六三
雜 一六三
雙 一六四
額 一六四
顏 一六四
題 一六四
騎 一六四
磨 一六四

十九畫
瀨 一六四
瀧 一六四
壞 一六四
懷 一六五
獸 一六五
藏 一六五
藤 一六五
藩 一六五
藺 一六五
藥 一六五
藍 一六五
藝 一六五
懲 一六五
邊 一六五
璽 一六五
鵬 一六六
爆 一六六
羅 一六六
礙 一六六
禰 一六六
穩 一六六
穫 一六六
癡 一六六
繪 一六六
繰 一六六
繩 一六六
簿 一六六
霸 一六七
贊 一六七
贈 一六七
辭 一六七
識 一六七
證 一六七
霧 一六七
鏡 一六七
難 一六七
離 一六七
關 一六七
願 一六七
類 一六八
韻 一六八
鯨 一六八
鯛 一六八
麗 一六八

二十畫
勸 一六八
寶 一六八
孃 一六八
嚴 一六九
獻 一六九
壤 一六九
犧 一六九

藻 一六九
懸 一六九
騰 一六九
爐 一六九
黨 一六九
繼 一六九
籍 一六九
瓣 一六九
議 一七〇
譜 一七〇
譯 一七〇
警 一七〇
譽 一七〇
觸 一七〇
釋 一七〇
覺 一七〇
麪 一七〇
鐘 一七〇
耀 一七〇
騷 一七〇
齡 一七一

二十一畫

屬 一七一
攝 一七一
欄 一七一
櫻 一七一
蘭 一七一
續 一七一
艦 一七二
躍 一七二
辯 一七二
護 一七二
露 一七二
鐵 一七二
顧 一七二
驅 一七二
魔 一七二
鷄 一七二

二十二畫

歡 一七三
權 一七三
竊 一七三
疊 一七三
穰 一七三
襲 一七三
聽 一七三
讀 一七三
覽 一七三
鑄 一七三
響 一七三

二十三畫

巖 一七四
臟 一七四
纖 一七四
變 一七四
戀 一七四
鑑 一七四
鑛 一七四
顯 一七四
驚 一七四
驛 一七四
驗 一七四
髓 一七五
體 一七五
鱗 一七五

二十四畫

囑 一七五
艷 一七五
罐 一七五
蠶 一七五
讓 一七五
釀 一七五
靈 一七五

二十五畫

灣 一七六
廳 一七六
鹽 一七六
蠻 一七六
觀 一七六
鬬 一七六

二十六畫

讚 一七六

一畫　一乙　二畫　二七八人入九乃刀十

一〜三畫

字音＝片カナ（音）　平がな（訓）

一

イチ、イツ
ひと-つ
名＝かず、はじめ
一面（いちめん）
統一（とういつ）

乙

イツ、オツ
おと、きのと
乙夜（いつや）の覧（らん）
甲乙（こうおつ）

二

ニ、ジ
ふた-つ
二世（にせい）
二筋道（ふたすじみち）

七

シチ、シツ
なな-つ、なの
七寶焼（しっぽうや）き
七日（なのか）

八

ハチ、ハツ
や-つ、やっ-つ
よう
八幡宮（はちまんぐう）
八百屋（やおや）

人

ジン、ニン
ひと
名＝と
人物（じんぶつ）
人間（にんげん）

入

ニュウ、ジュ
い-る、い-れる
はい-る
投入（とうにゅう）
入水（じゅすい）

九

キュウ、ク
ここの-つ
九官鳥（きゅうかんちょう）
九重（ここのえ）

乃

ダイ、ナイ
すなわ-ち、の
乃父（だいふ）
乃至（ないし）

刀

トウ、ト
かたな
短刀（たんとう）
刀鍛冶（かたなかじ）

十

ジュウ、ジッ
とお、と
名＝そ
十人十色（じゅうにんといろ）
十日（とおか）

二畫　力又丁了　三畫　丈三上下丸也凡勺

力

リョク、リキ
ちから
名＝つとむ
努力（どりょく）
力量（りきりょう）

又

また
又貸し（またがし）
又弟子（またでし）

丁

テイ、チョウ
ひのと
丁寧（ていねい）
四丁目（よんちょうめ）

了

リョウ
おわ-る、さと-る
名＝のり、あきら
了承（りょうしょう）
終了（しゅうりょう）

丈

ジョウ
たけ
一丈六尺（いちじょうろくしゃく）
身の丈（みのたけ）
丈

三

サン
み-つ、みっ-つ
名＝ぞう
三面鏡（さんめんきょう）
三日月（みかづき）

上

ジョウ、ショウ
うえ、かみ
あ-げる、のぼ-る
地上（ちじょう）
上り鮎（のぼりあゆ）

下

カ、ゲ、さ-げる
した、しも、もと
お-りる、くだ-る
下肢（かし）
下車（げしゃ）

丸

ガン
まる、まる-い
名＝まろ
砲丸（ほうがん）
日の丸（ひのまる）

也

ヤ
なり
達也（たつや）（名）
五萬圓也（ごまんえんなり）

凡

ボン、ハン
およ-そ
名＝ちか、つね
平凡（へいぼん）
凡例（はんれい）
凡

勺

シャク
（意）ひしゃく
一合五勺（いちごうごしゃく）
勺

久

キュウ、ク
ひさ-しい

永久（えいきゅう）
久遠（くおん）

之

シ
ゆ-く、こ-れ、の
名＝ゆき

紀貫之（きのつらゆき）(名)
先祖代々（せんぞだいだい）
之墓（のはか）

千

セン
ち

千里（せんり）
千代田（ちよだ）

才

サイ

才能（さいのう）
漫才（まんざい）

亡

ボウ、モウ
ほろ-びる、な-い

亡命（ぼうめい）
亡者（もうじゃ）

亡

己

コ、キ
おのれ、つちのと

自己（じこ）
知己（ちき）

女

ジョ、ニョ、ニョウ
おんな、め、おみな

女性（じょせい）
大原女（おはらめ）

口

コウ、ク
くち

口上（こうじょう）
裏口（うらぐち）

子

シ、ス
こ、ね

子孫（しそん）
子供（こども）

士

シ
さむらい

士官（しかん）
勇士（ゆうし）

川

セン
かわ

川柳（せんりゅう）
川岸（かわぎし）

寸

スン
(意)すこし　長さの単位

寸暇（すんか）
尺寸（せきすん）

工

コウ、ク
たくみ
工作（こうさく）
大工（だいく）

大

ダイ、タイ
おお-きい
名＝たかし、まさる
大學（だいがく）
大雪（おおゆき）

小

ショウ
ちい-さい
こ、お、さ
小説（しょうせつ）
小夜（さよ）

土

ド、ト
つち
名＝は、ひじ
土地（とち）
土方（ひじかた）（名）

干

カン
ほ-す、ひ-る
干拓（かんたく）
干潟（ひがた）

刃

ジン、ニン
は、やいば
白刃（はくじん）
出刃（でば）
刄

山

サン、セン
やま
山麓（さんろく）
大山（だいせん）

夕

セキ
ゆう、ゆうべ
一朝一夕（いっちょういっせき）
夕方（ゆうがた）

弓

キュウ
ゆみ
弓道（きゅうどう）
弓張り月（ゆみはりづき）

四畫

仁
ジン、ニン、ニ
名＝ひと
仁慈（じんじ）
仁和寺（にんなじ）

化
カ、ケ
ばーける
化學（かがく）
化粧（けしょう）
化

不
フ、ブ
不安（ふあん）
不用心（ぶようじん）

丑
チュウ
うし
丑寅（ちゅういん）
丑三つ時（うしみつどき）

廿
にじゅう
十を二つ合わせた二十の意味

卅
ソウ
さんじゅう
十を三つ合わせた三十の意味

升
ショウ
ます
一升瓶（いっしょうびん）
升（ます）で量（はか）る

乏
ボウ
とぼーしい
貧乏（びんぼう）
乏（とぼ）しい食糧（しょくりょう）

午
ゴ
うま
正午（しょうご）
丙午（ひのえうま）

壬
ジン、ニン
みずのえ
壬公（じんこう）
壬生（みぶ）

及
キュウ
およーぶ
追及（ついきゅう）
及（およ）び
及

中
チュウ
なか、うち
名＝かなめ
中華(ちゅうか)
世の中(よのなか)

凶
キョウ
(意)わるい
凶惡(きょうあく)
凶彈(きょうだん)

丹
タン
名＝に
丹念(たんねん)
青丹(あおに)よし

內
ナイ、ダイ
うち
內閣(ないかく)
境內(けいだい)
内

厄
ヤク
(意)わざわい
厄年(やくどし)
厄介(やっかい)

巴
ハ
ともえ
巴豆(はず)
三(み)つ巴(どもえ)

勿
モチ
な、なか-れ
勿論(もちろん)
勿體(もったい)ない

匁
【国字】
もんめ
百匁(ひゃくもんめ)

匂
【国字】
にお-う
匂(にお)い袋(ぶくろ)
朝日(あさひ)に匂(にお)う花(はな)

六
ロク、リク、ロウ
む-つ、むっ-つ
六疊(ろくじょう)
六書(りくしょ)

云
ウン
い-う
云爲(うんい)
云云(うんぬん)

互
ゴ
たが-い
互助(ごじょ)
互(たが)い違(ちが)い

五

ゴ
いつ、いつ-つ
名＝さ
五十音（ごじゅうおん）
五つ紋（いつつもん）

井

セイ、ショウ
い
井戸（いど）
井樓（せいろう）

元

ゲン、ガン
もと
名＝はじめ、ゆき
元氣（げんき）
元祖（がんそ）

匹

ヒツ
ひき
匹敵（ひってき）
二匹の犬（にひきのいぬ）
匹

公

コウ、ク
おおやけ
名＝きみ
公平（こうへい）
公家（くげ）
公

分

ブン、フン、ブ
わ-ける
分解（ぶんかい）
分別（ふんべつ）
分

允

イン
まこと
允可（いんか）
允許（いんきょ）

友

ユウ
とも
舊友（きゅうゆう）
友達（ともだち）

反

ハン、タン、ホン
かえ-る、そ-る
反對（はんたい）
反物（たんもの）

今

コン、キン
いま
今月（こんげつ）
今頃（いまごろ）

介

カイ
すけ
介護（かいご）
菊之介（きくのすけ）（名）

切

セツ、サイ
き-る
親切（しんせつ）
切手（きって）

刈

ガイ、カイ
か-る
刈除（がいじょ）
稲刈り（いねか）

冗

ジョウ
(意)むだ、ひま
冗談（じょうだん）
冗費（じょうひ）

幻

ゲン
まぼろし
幻覺（げんかく）
幻の世（まぼろし・よ）

孔

コウ、ク
あな
氣孔（きこう）
孔雀（くじゃく）

尺

シャク、セキ
(意)ものさし
尺度（しゃくど）
尺寸（せきすん）

天

テン
あめ、あま
天國（てんごく）
天の川（あま・がわ）

太

タ、タイ
ふと-い
名＝ふとし、おお
太陽（たいよう）
太っ腹（ふと・ぱら）

夫

フ、フウ
おっと
名＝お
夫人（ふじん）
夫と妻（おっと・つま）

少

ショウ
すく-ない
すこ-し
輕少（けいしょう）
少し（すこ）

屯

トン、チュン
たむろ
屯營（とんえい）
屯田兵（とんでんへい）

弔

チョウ
とむら-う
弔辭（ちょうじ）
お弔い（とむら）

引

イン
ひ-く
引責（いんせき）
綱引き（つなひ）

犬

ケン
いぬ
犬歯(けんし)
飼い犬(かいいぬ)

氏

シ
うじ
氏名(しめい)
氏神(うじがみ)

牛

ギュウ、ゴ
うし
牛舎(ぎゅうしゃ)
子牛(こうし)

片

ヘン
かた
破片(はへん)
片方(かたほう)

木

ボク、モク
き、こ
木刀(ぼくとう)
樹木(じゅもく)

斤

キン
おの
斤量(きんりょう)
斤目(きんめ)

比

ヒ、ビ
くら-べる
比較(ひかく)
比べ物(くらべもの)

毛

モウ
け
毛筆(もうひつ)
毛絲(けいと)

心

シン
こころ
心勞(しんろう)
眞心(まごころ)

支

シ
ささ-える
支援(しえん)
支え柱(ささえばしら)

王

オウ
(意)きみ
王國(おうこく)
王者(おうじゃ)

父

フ
ちち
父母會(ふぼかい)
父親(ちちおや)

父

月

ガツ、ゲツ
つき
月收（げっしゅう）
月夜（つきよ）

月

手

シュ
て、た
選手（せんしゅ）
手紙（てがみ）

戶

コ
と、へ
戶數（こすう）
雨戶（あまど）

戸

斗

ト
（意）ます
斗酒（としゅ）
北斗七星（ほくとしちせい）

止

シ
と-まる
中止（ちゅうし）
止め矢（とめや）

日

ジツ、ニチ
ひ、か
日月（じつげつ）
日の出（ひので）

曰

エツ
いわ-く
曰く付き（いわくつき）

火

カ
ひ、ほ
火氣（かき）
火繩（ひなわ）

文

ブン、モン
ふみ、あや
文化（ぶんか）
戀文（こいぶみ）

文

方

ホウ
かた
名＝まさ
方法（ほうほう）
書き方（かきかた）

水

スイ
みず
名＝み、みな
水溫（すいおん）
水無月（みなづき）

五畫

仕
シ、ジ
つか-える
仕様(しよう)
給仕(きゅうじ)

代
ダイ、タイ
か-わる、よしろ
代價(だいか)
苗代(なわしろ)

仙
セン
(意)やまびと
仙樂(せんがく)
畫仙紙(がせんし)

付
フ
つ-く、つ-ける
付近(ふきん)
受(う)け付(つ)け

他
タ
ほか
他者(たしゃ)
その他(ほか)

丙
ヘイ
ひのえ
甲乙丙(こうおつへい)
丙午(ひのえうま)
丙

丘
キュウ、ク
おか
砂丘(さきゅう)
比丘尼(びくに)

世
セイ、セ
よ
世帯(せたい)
浮世繪(うきよえ)

正
セイ、ショウ
ただ-しい
まさ
正當(せいとう)
正目(まさめ)

且
か-つ
働(はたら)き且(か)つ
學(まな)ぶ

主
シュ、ス
ぬし、おも
あるじ
主從(しゅじゅう)
宿(やど)の主(あるじ)
主

斥

セキ
しりぞ-ける
斥候(せっこう)
攻撃(こうげき)を斥(しりぞ)ける

以

イ
もっ-て
以前(いぜん)
以(もっ)ての外(ほか)

出

シュツ、スイ
で-る、だ-す
名＝いで
出發(しゅっぱつ)
出雲(いずも)

凸

トツ
でこ
(意)たかい
凸版(とっぱん)
凸凹(でこぼこ)

凹

オウ
くぼ-む、ぼこ
凹凸(おうとつ)
凹面鏡(おうめんきょう)

册

サツ、サク
册子(さっし)
册封(さくほう)

冊

北

ホク
きた
名＝ほう
北緯(ほくい)
北條(ほうじょう)

半

ハン
なか-ば
半徑(はんけい)
橋(はし)の半(なか)ば

半

句

ク
(意)くぎり
句點(くてん)
文句(もんく)

包

ホウ
つつ-む
包圍(ほうい)
小包(こづつみ)

包

令

レイ、リョウ
(意)ふれ、おきて
令狀(れいじょう)
大寶律令(たいほうりつりょう)

巨

キョ
おお-きい
巨體(きょたい)
巨彈(きょだん)

巨

刊

カン
(意)けずる、きる
刊行（かんこう）
週刊誌（しゅうかんし）

平

ヘイ、ビョウ
たいーら、ひら
平穏（へいおん）
平手（ひらて）
平

幼

ヨウ
おさーない
名＝わか
幼児（ようじ）
幼心（おさなごころ）

奴

ド、ヌ
やっこ、やつ
奴隷（どれい）
奴凧（やっこだこ）

古

コ
ふるーい
いにしえ
懷古（かいこ）
古道具（ふるどうぐ）

兄

ケイ、キョウ
あに、え
父兄（ふけい）
兄貴（あにき）

右

ユウ、ウ
みぎ
名＝すけ
左右（さゆう）
右翼（うよく）

加

カ
くわーえる
參加（さんか）
加え算（くわえざん）

召

ショウ
めーす
應召（おうしょう）
お召し物（おめしもの）

占

セン
うらなーう
しーめる
獨占（どくせん）
占い（うらない）

可

カ
べーし
可決（かけつ）
飲む可し（のむべし）

司

シ
つかさ
つかさどーる
司會（しかい）
司人（つかさびと）

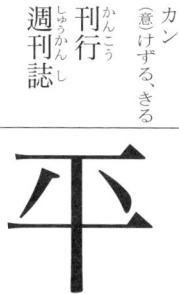

史

シ
名＝ふみ
歴史（れきし）
史實（しじつ）
史

四

シ
よ、よ-つ
よっ-つ、よん
四季（しき）
四方（よも）

囚

シュウ
とら-える
囚虜（しゅうりょ）
囚（とら）われの身（み）

汁

ジュウ
しる
果汁（かじゅう）
汁粉（しるこ）

氷

ヒョウ
こおり、ひ
氷點（ひょうてん）
氷砂糖（こおりざとう）

永

エイ
なが-い
名＝のり、ひさし
永續（えいぞく）
春（はる）の日永（ひなが）

犯

ハン
おか-す
犯意（はんい）
罪（つみ）を犯（おか）す

尼

ニ
あま
尼僧（にそう）
尼寺（あまでら）

功

コウ、ク
いさお
功勞（こうろう）
功德（くどく）

巧

コウ
たく-み、うま-い
精巧（せいこう）
巧（うま）い

左

サ
ひだり
左遷（させん）
左前（ひだりまえ）

央

オウ
なか-ば
中央（ちゅうおう）
震央（しんおう）

去
キョ、コ
さ-る
去年（きょねん）
過去（かこ）

打
ダ、チョウ
う-つ
毆打（おうだ）
打ち身（うちみ）

市
シ
いち
市營（しえい）
朝市（あさいち）

布
フ
ぬの、きれ
布敎（ふきょう）
布地（ぬのじ）

冬
トウ
ふゆ
嚴冬（げんとう）
冬物（ふゆもの）
冬

外
ガイ、ゲ
そと、ほか、はず-す
名=と、との
外科醫（げかい）
外側（そとがわ）

弘
コウ、グ
ひろ-い
弘法大師（こうぼうだいし）
弘誓（ぐぜい）

民
ミン
たみ
民營（みんえい）
民草（たみぐさ）

札
サツ
ふだ
檢札（けんさつ）
正札（しょうふだ）

末
マツ、バツ
すえ
週末（しゅうまつ）
末廣（すえひろ）

未
ミ
いま-だ、ひつじ
未來（みらい）
未だに（いまだに）

本
ホン
もと
大本營（だいほんえい）
日の本（ひのもと）

必
ヒツ
かなら-ず
必勝（ひっしょう）
必ずしも（かなら）

由
ユウ、ユ、ユイ
よし
由緒（ゆいしょ）
知る由もない（し、よし）

甲
コウ、カン
きのえ
甲骨文（こうこつぶん）
甲板（かんぱん）

申
シン
もう-す、さる
申請（しんせい）
申し分（もう、ぶん）

穴
ケツ
あな
穴居（けっきょ）
穴熊（あなぐま）
穴

甘
カン
あま-い
甘露煮（かんろに）
甘口（あまくち）

石
セキ、シャク、コク
いし
石炭（せきたん）
石南花（しゃくなげ）

生
セイ、ショウ
い-きる、う-まれる
き、なま、は-える
學生（がくせい）
生意氣（なまいき）

玄
ゲン
くろ
玄關（げんかん）
玄人（くろうと）

皿
ベイ
さら
小皿（こざら）
皿鉢料理（さわちりょうり）

示
シ、ジ
しめ-す
掲示（けいじ）
方向を示す（ほうこう、しめ）

白
ハク、ビャク
しろ、しら
白壽（はくじゅ）
白虎隊（びゃっこたい）

五畫　田立玉母皮矛目用矢失

田
デン
た
田樂（でんがく）
田植（たう）え

立
リツ、リュウ
た-つ
縣立（けんりつ）
建立（こんりゅう）

玉
ギョク
たま
寶玉（ほうぎょく）
玉砂利（たまじゃり）

母
ボ、モ
はは
母乳（ぼにゅう）
母親（ははおや）

皮
ヒ
かわ
皮質（ひしつ）
皮算用（かわざんよう）

矛
ム、ボウ
ほこ
矛盾（むじゅん）
矛戟（ぼうげき）

目
モク、ボク
め、ま
目錄（もくろく）
目處（めど）

用
ヨウ
もち-いる
用意（ようい）
用（もち）い方（かた）

矢
シ
や
矢石（しせき）
竹矢來（たけやらい）

失
シツ
うしな-う
消失（しょうしつ）
職（しょく）を失（うしな）う

六畫

仲
チュウ
なか
仲裁（ちゅうさい）
沖仲仕（おきなかし）

休
キュウ
やす-む
休學（きゅうがく）
夏休み（なつやすみ）

任
ニン
まか-せる
名＝とう
辭任（じにん）
人任せ（ひとまかせ）

件
ケン
くだん
件數（けんすう）
件の如し（くだんのごとし）

仰
ギョウ、コウ
あお-ぐ、おお-せ
仰望（ぎょうぼう）
仰ぎ見る（あおぎみる）

伏
フク
ふ-せる、ふ-す
名＝ふし
潛伏（せんぷく）
伏せ字（ふせじ）

伐
バツ
き-る、う-つ
伐採（ばっさい）
木を伐る（きをきる）

匠
ショウ
たくみ
巨匠（きょしょう）
匠氣（しょうき）

同
ドウ
おな-じ
同乘（どうじょう）
同じく（おなじく）

灰
カイ
はい
灰分（かいぶん）
降灰（こうはい）
灰

交
コウ
ま-じる、か-う
まじ-わる
交通（こうつう）
交わる（まじわる）
交

衣

イ、エ
ころも、きぬ
衣食住(いしょくじゅう)
羽衣(はごろも)

冴

コ、ゴ
さ-える
冴寒(ごかん)
頭(あたま)の冴(さ)え
冴

次

ジ、シ
つぎ、つ-ぐ
逐次(ちくじ)
次(つぎ)に
次

合

ゴウ、ガッ、カッ
あ-う
合戰(かっせん)
話(はな)し合(あ)い

企

キ
くわだ-てる
企畫(きかく)
旅行(りょこう)を企(くわだ)てる

全

ゼン
まった-く
名=また、あきら
全壞(ぜんかい)
全(まった)く
全

兆

チョウ
きざ-す、きざ-し
吉兆(きっちょう)
惡心(あくしん)が兆(きざ)す

先

セン
さき
先進國(せんしんこく)
指先(ゆびさき)

充

ジュウ
あ-てる、み-ちる
名=みつ、みつる
充實(じゅうじつ)
充(み)たす

印

イン
しるし
實印(じついん)
目印(めじるし)

旬

ジュン
(意)十日間
旬餘(じゅんよ)
上旬(じょうじゅん)

危

キ
あや-うい
あぶ-ない
危險(きけん)
危(あや)うい場所(ばしょ)
危

安

アン
やす-い
名＝あ
安靜（あんせい）
安賣り（やすうり）

宇

ウ
(意)いえ、そら
宇宙（うちゅう）
氣宇廣大（きうこうだい）

字

ジ
あざ
數字（すうじ）
大字（おおあざ）

守

シュ、ス
まも-る、も-り
守衛（しゅえい）
子守り（こもり）

宅

タク
名＝やけ、や
宅配便（たくはいびん）
歸宅（きたく）

好

コウ
この-む、す-く
名＝よし
好評（こうひょう）
好き（すき）

如

ジョ、ニョ
ごと-し
名＝よし、ゆき
如實（にょじつ）
風の如く（かぜのごとく）

妃

ヒ
きさき
王妃（おうひ）
皇太子妃（こうたいしひ）

妄

モウ、ボウ
みだ-り
迷妄（めいもう）
妄擧（ぼうきょ）
妄

行

コウ、ギョウ、アン
ゆ-く、い-く
おこな-う
行爲（こうい）
行脚（あんぎゃ）

吐

ト
は-く
吐露（とろ）
吐き氣（はきけ）

叫

キョウ
さけ-ぶ
叫號（きょうごう）
叫び聲（さけびごえ）

因

イン
よ-る、ちなみ

因縁（いんねん）
因に（ちなみに）

回

カイ、エ
まわ-る、めぐ-る

迂回（うかい）
回り舞臺（まわりぶたい）

池

チ
いけ

池畔（ちはん）
古池（ふるいけ）

江

コウ
え

峡江（きょうこう）
江戸（えど）

汚

オ
よご-す、けが-す
きたな-い

汚點（おてん）
家名を汚す（かめいをけがす）

汗

カン
あせ

發汗（はっかん）
寝汗（ねあせ）

汎

ハン

汎用（はんよう）

汎

光

コウ
ひか-る、ひかり
名＝みつ、てる

光榮（こうえい）
親の七光（おやのななひかり）

地

チ、ジ

地區（ちく）
地團駄（じだんだ）

帆

ハン
ほ

歸帆（きはん）
帆掛け船（ほかけぶね）

帆

忙

ボウ
いそが-しい

忙殺（ぼうさつ）
忙しい（いそがしい）

忙

向

コウ
む-く、む-かう
む-こう

對向（たいこう）
出向く（でむく）

吉

キチ、キツ
よし
吉祥天(きっしょうてん)
吉田(よしだ)(名)

多

タ
おお-い
多忙(たぼう)
量(りょう)が多(おお)い

名

メイ、ミョウ
な
氏名(しめい)
名前(なまえ)

各

カク
おのおの
各様(かくよう)
各方(おのおのがた)

列

レツ
つら-ねる
列傳(れつでん)
參列(さんれつ)

死

シ
し-ぬ
死藏(しぞう)
死(し)に水(みず)

式

シキ、ショク
のり
式辭(しきじ)
入學式(にゅうがくしき)

后

コウ、ゴ
きさき、きみ
皇后(こうごう)
后詞(きさきことば)

在

ザイ
あ-る
在鄕(ざいごう)
在(あ)りし日(ひ)

存

ソン、ゾン
名=あり
存續(そんぞく)
存分(ぞんぶん)

有

ユウ、ウ
あ-る
名=あり
有害(ゆうがい)
有(あ)り金(がね)

吏

リ
(意)役人
執達吏(しったつり)
官吏(かんり)
吏

朴
ボク
ほお
朴實（ぼくじつ）
朴の木（ほおのき）

朽
キュウ
く-ちる
朽廢（きゅうはい）
朽ち木（くちき）

机
キ
つくえ
机下（きか）
勉強机（べんきょうづくえ）

込
【国字】
こ-む、こ-める
申し込み（もうしこみ）
込

肉
ニク
齒肉（しにく）
弱肉强食（じゃくにくきょうしょく）

肌
キ
はだ
肌理（きり）
素肌（すはだ）

旨
シ
むね、うま-い
趣旨（しゅし）
その旨（むね）

早
ソウ、サッ
はや-い、さ
早朝（そうちょう）
早道（はやみち）

亙
コウ
わた-る
名＝とおる
亙一（こういち）（名）
亙（とおる）（名）
亘

收
シュウ
おさ-める
月收（げっしゅう）
收める（おさめる）
収

百
ヒャク
もも
百圓（ひゃくえん）
百敷（ももしき）

米
ベイ、マイ
こめ、よね
米壽（べいじゅ）
餅米（もちごめ）

竹
チク
たけ
竹馬(ちくば)の友(とも)
竹藪(たけやぶ)

羽
ウ
は、はね
羽翼(うよく)
羽織(はおり)
羽

羊
ヨウ
ひつじ
羊頭狗肉(ようとうくにく)
羊飼(ひつじか)い

舟
シュウ
ふね、ふな
輕舟(けいしゅう)
小舟(こぶね)

耳
ジ
みみ
耳鼻科(じびか)
耳鳴(みみな)り

朱
シュ
あか、あけ
朱書(しゅしょ)
御朱印船(ごしゅいんせん)

舌
ゼツ
した
辯舌(べんぜつ)
二枚舌(にまいじた)

至
シ
いた-る
至情(しじょう)
至當(しとう)

自
ジ、シ
みずか-ら
おのずか-ら
自辨(じべん)
自(みずか)ら

再
サイ、サ
ふたた-び
再會(さいかい)
再來年(さらいねん)

共
キョウ
とも
共榮(きょうえい)
共稼(ともかせ)ぎ

州
シュウ
す
名＝しま
歐州(おうしゅう)
中州(なかす)

西

セイ、サイ
にし
關西(かんさい)
西向(にしむ)き

劣

レツ
おと-る
卑劣(ひれつ)
他(た)にくらべて劣(おと)る

色

シキ、ショク
いろ
色彩(しきさい)
青色(あおいろ)

曲

キョク
ま-がる、くせ
戲曲(ぎきょく)
曲者(くせもの)

血

ケツ
ち
血壓(けつあつ)
血潮(ちしお)

寺

ジ
てら
法隆寺(ほうりゅうじ)
山寺(やまでら)

年

ネン
とし
年齡(ねんれい)
年越(としこ)し

考

コウ
かんが-える
參考(さんこう)
考(かんが)え方(かた)

老

ロウ
お-いる、ふ-ける
老廢物(ろうはいぶつ)
老(ふ)け込(こ)む

七畫

位
イ
くらい
單位（たんい）
大臣の位（だいじんのくらい）

作
サク、サ
つく-る
作爲（さくい）
作り話（つくりばなし）

伸
シン
の-ばす、の-びる
名＝のぶ
追伸（ついしん）
背伸び（せのび）

何
カ
なに、なん
幾何（きか）
何卒（なにとぞ）

似
ジ
に-る、に-せる
類似（るいじ）
似顔繪（にがおえ）

伯
ハク
おさ
名＝のり
伯爵（はくしゃく）
伯父（おじ）

佐
サ
（意）たすける
佐官（さかん）
佐幕（さばく）

住
ジュウ
す-む、す-まう
住所（じゅうしょ）
住込み（すみこみ）
住

伺
シ
うかが-う
伺候（しこう）
進退伺い（しんたいうかがい）

但
タン
ただ-し
但州（たんしゅう）
但し書き（ただしがき）

低
テイ
ひく-い、ひく-める
ひく-まる
低溫（ていおん）
低い山（ひくいやま）

伴

ハン、バン
ともな-う
名＝とも
随伴（ずいはん）
伴食（ばんしょく）

伴

佛

ブツ、フツ
ほとけ
佛教（ぶっきょう）
無緣佛（むえんぼとけ）

仏

臣

シン、ジン
おみ
臣從（しんじゅう）
遺臣（いしん）

助

ジョ
たす-ける、すけ
援助（えんじょ）
助け船（たすけぶね）

冷

レイ
ひ-える、さ-める
つめ-たい
冷靜（れいせい）
底冷え（そこびえ）

克

コク
か-つ
名＝かつみ
克服（こくふく）
克明（こくめい）

免

メン
まぬか-れる
免狀（めんじょう）
免れる（まぬかれる）

免

却

キャク
かえ-って
退却（たいきゃく）
賣却（ばいきゃく）

判

ハン、バン
わ-かる
判明（はんめい）
裁判（さいばん）

判

別

ベツ
わか-れる
區別（くべつ）
別れ別れ（わかれわかれ）

利

リ
き-く
名＝とし、かが
利益（りえき）
足利時代（あしかがじだい）

完

カン
まったく
名＝ひろし、みつ
完賣（かんばい）
完遂（かんすい）

延

エン
の-びる
名＝のぶ
延音（えんおん）
延金（のべがね）

延

廷

テイ
朝廷（ちょうてい）
廷尉（ていい）

廷

邪

ジャ
よこしま
邪惡（じゃあく）
邪氣（じゃき）

邪

那

ナ
なんぞ
名＝とも、やす
那覇市（なはし）
刹那（せつな）

那

邦

ホウ
くに
邦樂（ほうがく）
連邦（れんぽう）

邦

妊

ニン
はら-む
懷妊（かいにん）
妊婦（にんぷ）

妨

ボウ
さまた-げる
妨害（ぼうがい）
妨（さまた）げる

妙

ミョウ
たえ
微妙（びみょう）
白妙（しろたえ）の衣（ころも）

努

ド
つと-める
名＝つとむ
努力（どりょく）
努（つと）めて

役

ヤク、エキ
役所（やくしょ）
使役（しえき）

吹

スイ
ふ-く
名＝ふき
吹擧（すいきょ）
吹（ふ）き矢（や）

吟

ギン
(意)うめく、うたう
吟遊詩人（ぎんゆうしじん）
吟釀酒（ぎんじょうしゅ）

吸

キュウ
す-う
吸収（きゅうしゅう）
吸い込む（す・こ）
吸

呈

テイ
(意)しめす　あらわす
贈呈（ぞうてい）
呈示（ていじ）
呈

君

クン
きみ
君主（くんしゅ）
姉君（あねぎみ）

告

コク
つ-げる
告諭（こくゆ）
告げ口（つ・ぐち）
告

否

ヒ
いな
否認（ひにん）
着くや否や（つ・いな）

谷

コク
たに
名=や
渓谷（けいこく）
谷底（たにぞこ）

含

ガン
ふく-む
包含（ほうがん）
含み笑い（ふく・わら）

呉

ゴ
くれ
呉服屋（ごふくや）
呉竹（くれたけ）
呉

束

ソク
たば、つか
装束（しょうぞく）
花束（はなたば）

困

コン
こま-る
疲労困憊（ひろうこんぱい）
困り者（こま・もの）

狂

キョウ
くる-う
發狂（はっきょう）
狂い咲き（くる・ざ）

防

ボウ
ふせ-ぐ
防彈（ぼうだん）
水害を防ぐ（すいがい・ふせ）

沖

チュウ
おき
沖積（ちゅうせき）
沖釣り（おきづり）

汽

キ
汽壓（きあつ）
汽車（きしゃ）

決

ケツ
きーめる、きーまる
決斷（けつだん）
決め手（きめて）

沈

チン、ジン
しずーむ
沈没船（ちんぼつせん）
浮き沈み（うきしずみ）

沒

ボツ
(意)しずむ
陷沒（かんぼつ）
沒我（ぼつが）
没

尾

ビ
お
尾燈（びとう）
尾根（おね）

尿

ニョウ
尿道（にょうどう）
檢尿（けんにょう）

局

キョク
つぼね
局所（きょくしょ）
對局（たいきょく）

肖

ショウ
(意)似る
肖像畫（しょうぞうが）
不肖（ふしょう）
肖

均

キン
ひとーしい
平均（へいきん）
均衡（きんこう）

坑

コウ
あな
炭坑（たんこう）
廢坑（はいこう）

坂

ハン、バン
さか
急坂（きゅうはん）
上り坂（のぼりざか）

坊

ボウ、ボッ

坊主（ぼうず）

坊ちゃん（ぼっ）

扱

ソウ

あつか-う

こ-く

取り扱い（と・あつか）

稲扱き（いねこ）

扱

技

ギ

わざ

技術（ぎじゅつ）

相撲の技（すもう・わざ）

抗

コウ

あらが-う

抗争（こうそう）

抗辯（こうべん）

抄

ショウ

(意)ぬきがき

戸籍抄本（こせきしょうほん）

抄録（しょうろく）

折

セツ

お-る、おり

折半（せっぱん）

折り紙（お・がみ）

投

トウ

な-げる

投資（とうし）

投げ賣り（な・う）

把

ハ

と-る

把握（はあく）

把持（はじ）

批

ヒ

(意)うつ、たたく

批判（ひはん）

批評（ひひょう）

扶

フ

たす-ける

扶翼（ふよく）

扶養家族（ふようかぞく）

抑

ヨク

おさ-える

抑壓（よくあつ）

抑揚（よくよう）

希

キ、ケ

まれ、のぞ-む

希少價値（きしょうかち）

希有（けう）

序
ジョ
つい-で
序說（じょせつ）
秩序（ちつじょ）

床
ショウ
とこ、ゆか
溫床（おんしょう）
床下浸水（ゆかしたしんすい）

岐
キ、ギ
わか-れる
分岐點（ぶんきてん）
岐阜縣（ぎふけん）

快
カイ
こころよ-い
快晴（かいせい）
快（こころよ）く引（ひ）き受（う）ける

形
ケイ、ギョウ
かたち、かた
圖形（ずけい）
花形（はながた）

我
ガ
われ、わ
無我夢中（むがむちゅう）
我勝（われが）ちに

成
セイ、ジョウ
な-る
名＝なり、しげ
成層圈（せいそうけん）
成（な）り立（た）つ

成

戒
カイ
いまし-める
戒嚴（かいげん）
訓戒（くんかい）

材
ザイ、サイ
畫材（がざい）
材幹（さいかん）

杉
サン
すぎ
杉折（すぎおり）
一本杉（いっぽんすぎ）

村
ソン
むら
村落（そんらく）
村芝居（むらしばい）

芋
ウ
いも
芋粥（うしゅく）
里芋（さといも）

芋

芝

シ
しば
靈芝（れいし）
芝生（しばふ）
芝

歩

ホ、ブ、フ
ある-く
あゆ-む
歩數（ほすう）
歩合（ぶあい）
歩

忌

キ
い-む
忌避（きひ）
物忌み（ものいみ）
忌

志

シ
こころざ-す
こころざし
志望（しぼう）
學に志す（がくにこころざす）
志

忍

ニン
しの-ぶ
忍従（にんじゅう）
忍び足（しのびあし）
忍

忘

ボウ
わす-れる
忘年會（ぼうねんかい）
忘れ物（わすれもの）
忘

壯

ソウ
さか-ん
壯觀（そうかん）
悲壯（ひそう）
壮

迅

ジン
（意）はやい
獅子奮迅（ししふんじん）
迅速（じんそく）
迅

巡

ジュン
めぐ-る
巡閲（じゅんえつ）
血の巡り（ちのめぐり）
巡

肝

カン
きも
肝臟（かんぞう）
肝っ玉（きもったま）
肝

更

コウ
さら-に、ふ-ける
變更（へんこう）
更に（さらに）
更

里

リ
さと
鄉里（きょうり）
里親（さとおや）
里

妥
ダ
(意)おだやか
やすらか
妥當(だとう)
妥結(だけつ)
妥

改
カイ
あらた-める
朝令暮改(ちょうれいぼかい)
改變(かいへん)

攻
コウ
せ-める
攻擊(こうげき)
攻圍(こうい)

災
サイ
わざわ-い
災害(さいがい)
戰災(せんさい)

孝
コウ
名=たか、たかし
孝養(こうよう)
追孝(ついこう)

毎
マイ
ごと
毎度(まいど)
夜毎(よごと)
每

究
キュウ
きわ-める
追究(ついきゅう)
究極(きゅうきょく)

初
ショ
はつ、はじ-め
うい、そ-める
初對面(しょたいめん)
初産(ういざん)

男
ダン、ナン
おとこ
名=お
男爵(だんしゃく)
山男(やまおとこ)

町
チョウ
まち
町會(ちょうかい)
下町(したまち)

私
シ
わたくし
公私(こうし)
私益(しえき)

秀
シュウ
ひい-でる
名=ひで
秀逸(しゅういつ)
優秀(ゆうしゅう)

系

ケイ
(意)つながる
かかる
系譜（けいふ）
體系（たいけい）

赤

セキ、シャク
あか、あか-い
赤飯（せきはん）
赤信號（あかしんごう）

足

ソク
あし、た-りる
具足（ぐそく）
足輕（あしがる）

貝

バイ
かい
貝貨（ばいか）
貝塚（かいづか）

辛

シン
から-い、つら-い
かのと
辛抱（しんぼう）
辛黨（からとう）
辛

車

シャ
くるま
車道（しゃどう）
荷車（にぐるま）

言

ゲン、ゴン
い-う、こと
遺言（ゆいごん）
言葉（ことば）

走

ソウ
はし-る
逃走（とうそう）
走り書き（はしりがき）

豆

トウ、ズ
まめ
豆乳（とうにゅう）
黑豆（くろまめ）

身

シン
み
轉身（てんしん）
身分（みぶん）

角

カク
つの、かど、すみ
廣角（こうかく）
角隱し（つのかくし）

見

ケン
み-る
拜見（はいけん）
見榮（みえ）

良

リョウ
よ-い
名＝よし、ら
良縁（りょうえん）
頭（あたま）が良（よ）い

兵

ヘイ、ヒョウ
つわもの
兵隊（へいたい）
兵糧攻（ひょうろうぜ）め

求

キュウ、グ
もと-める
求縁（きゅうえん）
求法僧（ぐほうそう）

卵

ラン
たまご
産卵（さんらん）
鶏（にわとり）の卵（たまご）

弟

テイ、ダイ、デ
おとうと
舎弟（しゃてい）
弟子（でし）

八畫

依

イ、エ
よ-る
依頼（いらい）
歸依（きえ）

佳

カ
よ-い
名＝よし
佳節（かせつ）
風光絶佳（ふうこうぜっか）

供

キョウ、ク
そな-える、とも
供與（きょうよ）
供養（くよう）

使

シ
つか-う
使途（しと）
小使（こづかい）
使

侍

ジ、シ
さむらい、はべ-る
內侍（ないし）
侍かたぎ（さむらい）

例

レイ
たと-える
實例（じつれい）
例外（れいがい）

亞

ア
(意)つぐ、おとる
亞鉛（あえん）
亞熱帶（あねったい）
亜

兩

リョウ
ふた-つ
名＝もろ
兩手（りょうて）
兩刃（もろは）
両

垂

スイ
た-れる
垂直（すいちょく）
垂れ髮（たれがみ）

事

ジ、ズ
こと
事變（じへん）
好事家（こうずか）

卑

ヒ
いや-しい
男尊女卑（だんそんじょひ）
卑しい（いや）
卑

劾

ガイ
劾奏（がいそう）
彈劾（だんがい）

協

キョウ
かな-う
妥協（だきょう）
協會（きょうかい）

卒

ソツ
(意)おわる、にわか
卒壽（そつじゅ）
輕卒（けいそつ）

夜

ヤ
よ、よる
夜半（やはん）
月夜（つきよ）

京

ケイ、キョウ
(意)みやこ
京阪（けいはん）
歸京（ききょう）

享

キョウ
うーける
享樂（きょうらく）
享受（きょうじゅ）

卓

タク
名＝たか、まさる
卓拔（たくばつ）
食卓（しょくたく）

舍

シャ
(意)いえ、やど
舍弟（しゃてい）
校舍（こうしゃ）

舎

命

メイ、ミョウ
いのち、みこと
壽命（じゅみょう）
大國主命（おおくにぬしのみこと）

來

ライ
くーる、きたーる
きたーす
將來（しょうらい）
人（ひと）が來（く）る

来

兒

ジ、ニ
こ
兒童（じどう）
小兒科（しょうにか）

児

卷

カン、ケン
まーく、まき
壓卷（あっかん）
卷物（まきもの）

巻

劵

ケン
乘車劵（じょうしゃけん）
食劵（しょっけん）

券

取

シュ
とーる
取捨選擇（しゅしゃせんたく）
取（と）り除（のぞ）く

叔

シュク
(意)おじ
名＝よし
叔父（おじ）
叔母（おば）

刑

ケイ、ギョウ
(意)おきて、しおき
刑務所（けいむしょ）
實刑（じっけい）

刑

刻

コク
きざ-む
彫刻（ちょうこく）
刻み煙草（きざみたばこ）

刷

サツ
す-る
增刷（ぞうさつ）
色刷り（いろずり）

刺

シ
さ-す、さ-さる
とげ
刺繡（ししゅう）
突き刺す（つきさす）

制

セイ
制服（せいふく）
節制（せっせい）

到

トウ
いた-る
到達（とうたつ）
用意周到（よういしゅうとう）

官

カン
(意)つかさ、役人
教官（きょうかん）
官營（かんえい）

宜

ギ
よろ-しい
名=のぶ、のり
便宜（べんぎ）
適宜（てきぎ）

宗

シュウ、ソウ
むね
宗教（しゅうきょう）
正宗（まさむね）

宙

チュウ
(意)そら、空中
宇宙（うちゅう）
宙返り（ちゅうがえり）

定

テイ、ジョウ
さだ-める
定說（ていせつ）
品定め（しなさだめ）

邸

テイ
やしき
公邸（こうてい）
邸宅（ていたく）

始

シ
はじ-める
始發（しはつ）
事始め（ことはじめ）

姉

シ
あね
從姉（じゅうし）
姉壻（あねむこ）

姓

セイ、ショウ
かばね
舊姓（きゅうせい）
百姓（ひゃくしょう）

妹

マイ
いもうと
弟妹（ていまい）
妹御（いもうとご）

妻

サイ
つま
妻帶（さいたい）
稻妻（いなずま）

往

オウ
ゆ-く
往來（おうらい）
既往症（きおうしょう）
往

征

セイ
ゆ-く
名＝ゆき
遠征（えんせい）
征伐（せいばつ）

彼

ヒ
かれ、かの、か-の
彼岸（ひがん）
彼女（かのじょ）

呼

コ
よ-ぶ
點呼（てんこ）
呼び聲（よびごえ）

味

ミ
あじ、あじ-わう
味覺（みかく）
味付け（あじつけ）

周

シュウ
まわ-り
(意)あまねし
周圍（しゅうい）
圓周（えんしゅう）
周

固

コ
かた-まる
名＝もと
斷固（だんこ）
固め（かため）

阻

ソ
はば-む
險阻（けんそ）
阻害（そがい）

附

フ
つ-く、つ-ける
附錄（ふろく）
附屬（ふぞく）

泳

エイ
およ-ぐ
遠泳（えんえい）
平泳ぎ（ひらおよ）

沿

エン
そ-う
沿道（えんどう）
川沿い（かわぞ）
沿

河

カ、ガ
かわ
河畔（かはん）
運河（うんが）

泣

キュウ
な-く
號泣（ごうきゅう）
泣き顔（な・がお）

況

キョウ
(意)ありさま
狀況（じょうきょう）
概況（がいきょう）

治

ジ、チ
おさ-める、なお-る
治癒（ちゆ）
國を治める（くに・おさ）

沼

ショウ
ぬま
沼澤（しょうたく）
泥沼（どろぬま）

注

チュウ
そそ-ぐ
注釋（ちゅうしゃく）
水を注ぐ（みず・そそ）
注

泥

デイ
どろ、なず-む
泥醉（でいすい）
泥繩（どろなわ）

波

ハ
なみ
波及（はきゅう）
白波（しらなみ）

泊

ハク
と-まる
假泊（かはく）
泊まり掛け（と・が）

泌
ヒツ、ヒ
分泌（ぶんぴつ）
泌尿器（ひにょうき）

沸
フツ
わーく
沸騰（ふっとう）
沸かし湯（わ・ゆ）

法
ホウ、ハッ、ホッ
のり
法益（ほうえき）
内法（うちのり）

泡
ホウ
あわ
水泡（すいほう）
泡雪（あわゆき）
泡

油
ユ
あぶら
油斷（ゆだん）
油繪（あぶらえ）

居
キョ
いーる
隱居（いんきょ）
居候（いそうろう）

屈
クツ
かがーむ
屈強（くっきょう）
前屈み（まえかが）

屆
カイ
とどーける
とどーく
屆け出（とど・で）
缺席屆（けっせきとどけ）
届

武
ブ、ム
名＝たけ、たけし
武器（ぶき）
影武者（かげむしゃ）

奇
キ
くーし
(意)めずらしい
奇遇（きぐう）
奇數（きすう）

尙
ショウ
なお
高尙（こうしょう）
尙更（なおさら）
尚

坪
ヘイ
つぼ
建坪（たてつぼ）
延べ坪（の・つぼ）
坪

幸

コウ
さいわ-い、さち
しあわ-せ
幸福（こうふく）
海の幸（うみのさち）

押

オウ
お-す、おさ-える
押收（おうしゅう）
押し問答（おしもんどう）

拐

カイ
(意)かどわかす
拐帯（かいたい）
誘拐（ゆうかい）

拒

キョ
こば-む
拒絶（きょぜつ）
拒む（こばむ）
拒

拘

コウ
かか-わる
拘泥（こうでい）
拘置所（こうちしょ）

招

ショウ
まね-く
招待券（しょうたいけん）
手招き（てまねき）

拙

セツ
つたな-い
拙速（せっそく）
拙い文章（つたないぶんしょう）

拓

タク
ひら-く
干拓（かんたく）
拓本（たくほん）

抽

チュウ
ぬ-く、ひ-く
抽選（ちゅうせん）
抽象畫（ちゅうしょうが）

抵

テイ
あ-たる
抵當（ていとう）
抵觸（ていしょく）

拍

ハク、ヒョウ
う-つ
拍手（はくしゅ）
拍子（ひょうし）

抜

バツ
ぬ-く
海抜（かいばつ）
抜け穴（ぬけあな）
抜

披

ヒ
ひら-く
披閲（ひえつ）
披講（ひこう）

拂

フツ
はら-う
拂拭（ふっしょく）
支拂い（しはらい）
払

抱

ホウ
だ-く、いだ-く
かか-える
抱懷（ほうかい）
抱き合わせ（だきあわせ）
抱

抹

マツ
す-る
抹茶（まっちゃ）
塗抹（とまつ）

底

テイ
そこ
底邊（ていへん）
底力（そこぢから）

店

テン
みせ、たな
店舗（てんぽ）
店賃（たなちん）

府

フ
都道府縣（とどうふけん）
政府（せいふ）

岸

ガン
きし
對岸（たいがん）
岸邊（きしべ）

岩

ガン
いわ
岩鹽（がんえん）
溶岩（ようがん）

岬

コウ
みさき
宗谷岬（そうやみさき）

弦

ゲン
つる
管弦樂（かんげんがく）
弦音（つるおと）

怪

カイ、ケ
あや-しい
怪獸（かいじゅう）
怪しいやつ（あやしいやつ）

性

セイ、ショウ
さが
習性（しゅうせい）
根性（こんじょう）

怖

フ
こわ-い
おそ-れる
恐怖（きょうふ）
畏怖（いふ）

物

ブツ、モツ
もの
物價（ぶっか）
物好き（ものずき）

牧

ボク
まき
牧舎（ぼくしゃ）
牧場（まきば）

版

ハン
版畫（はんが）
出版（しゅっぱん）

枚

マイ、バイ
名＝ひら
枚數（まいすう）
枚方市（ひらかたし）

枝

シ
えだ
名＝え
枝葉末節（しようまっせつ）
枝豆（えだまめ）

松

ショウ
まつ
松竹梅（しょうちくばい）
門松（かどまつ）

松

析

セキ
さ-く
分析（ぶんせき）
透析（とうせき）

杯

ハイ
さかずき
祝杯（しゅくはい）
水杯（みずさかずき）

板

バン、ハン
いた
黒板（こくばん）
板屋（いたや）

林

リン
はやし
森林（しんりん）
雑木林（ぞうきばやし）

八畫 枠果花芯芽芳忠念狀近迎返

枠
わく
【国字】
枠内 わくない
枠組み わくぐみ

果
カ
はーたす、はーてる、はーて
効果 こうか
使い果たす つかいはたす

花
カ
はな
花瓶 かびん
花見 はなみ
花

芯
シン
帶芯 おびしん
燈芯 とうしん
芯

芽
ガ
め
發芽 はつが
新芽 しんめ
芽

芳
ホウ
かんばーしい
名＝よし
芳香 ほうこう
芳しい かんばしい
芳

忠
チュウ
名＝ただ、ただし
忠告 ちゅうこく
誠忠 せいちゅう

念
ネン
（意）おもう、となえる
念佛 ねんぶつ
專念 せんねん

狀
ジョウ
（意）ありさま、かたち、てがみ
狀態 じょうたい
禮狀 れいじょう
状

近
キン、コン
ちかーい
近所 きんじょ
近道 ちかみち
近

迎
ゲイ、ゴウ
むかーえる
歡迎 かんげい
御來迎 ごらいごう
迎

返
ヘン
かえーす
返還 へんかん
返り咲き かえりざき
返

肢

シ

肢體（したい）
選擇肢（せんたくし）

肺

ハイ

肺臟（はいぞう）
肺炎（はいえん）

肥

ヒ
こ-える、こ-やす
こえ、ふと-る

肥滿（ひまん）
目が肥（こ）える

服

フク

服從（ふくじゅう）
服裝（ふくそう）

服

朋

ホウ
とも

朋友（ほうゆう）
朋黨（ほうとう）

朋

肪

ボウ
（意）あぶら

脂肪（しぼう）

明

メイ、ミョウ、ミン
あか-るい
あき-らか、あ-ける

明暗（めいあん）
夜明（よあ）け

明

育

イク
そだ-てる

教育（きょういく）
氏（うじ）より育（そだ）ち

肯

コウ
がえん-ずる

肯定（こうてい）
首肯（しゅこう）

肩

ケン
かた

肩章（けんしょう）
肩書（かたが）き

肩

戾

レイ
もど-す

背戾（はいれい）
拂（はら）い戾（もど）す

戻

房

ボウ
ふさ

暖房（だんぼう）
花房（はなふさ）（名）

房

所

ショ
ところ

所爲（しょい）
臺所（だいどころ）

所

毒

ドク

毒藥（どくやく）
解毒（げどく）

易

イ、エキ
やす-い、やさ-しい

易斷（えきだん）
こわれ易（やす）い

昆

コン

昆蟲（こんちゅう）
昆布（こんぶ）

昇

ショウ
のぼ-る

昇進（しょうしん）
日（ひ）が昇（のぼ）る

昔

セキ、シャク
むかし

今昔（こんじゃく）
昔話（むかしばなし）

東

トウ
ひがし、あずま

東海道（とうかいどう）
東半球（ひがしはんきゅう）

采

サイ
と-る
名＝あや、うね

采配（さいはい）
喝采（かっさい）

采

受

ジュ
う-ける

受驗（じゅけん）
受（う）け身（み）

受

爭

ソウ
あらそ-う

競爭（きょうそう）
爭亂（そうらん）

争

乳

ニュウ
ちち、ち

乳兒（にゅうじ）
乳（ち）飲（の）み子（ご）

乳

炊

スイ
た-く、かし-ぐ

炊飯器（すいはんき）
炊煙（すいえん）

炎
エン
ほのお
炎暑（えんしょ）
蠟燭（ろうそく）の炎（ほのお）

放
ホウ
はなす
釋放（しゃくほう）
放（はな）し飼（が）い

空
クウ
そら、あーく
から、むなしい
空氣（くうき）
青空（あおぞら）

社
シャ
やしろ
社會（しゃかい）
社造（やしろづく）り
社

的
テキ
まと
的確（てきかく）
避難（ひなん）の的（まと）
的

和
ワ、オ
やわーらぐ
なごーむ、かず
平和（へいわ）
和尚（おしょう）

委
イ
ゆだーねる、まかーせる
くわーしい
委讓（いじょう）
委任狀（いにんじょう）

季
キ
名＝すえ、とし
季節（きせつ）
四季（しき）

具
グ
そなーわる
名＝とも
道具（どうぐ）
具（そな）わる
具

直
チョク、ジキ
なおす、ただーちに
直營店（ちょくえいてん）
手直（てなお）し

盲
モウ
めくら
盲點（もうてん）
盲判（めくらばん）
盲

知
チ
しーる
名＝かず、とも
知覺（ちかく）
知（し）り合（あ）い

青

セイ、ショウ
あお、あお-い
緑青（ろくしょう）
青色（あおいろ）
青

非

ヒ
あら-ず
非情（ひじょう）
是非（ぜひ）

雨

ウ
あめ、あま
穀雨（こくう）
雨具（あまぐ）

金

キン、コン
かね、かな
金鑛（きんこう）
金平糖（こんぺいとう）

長

チョウ
なが-い、おさ
長所（ちょうしょ）
長袖（ながそで）

門

モン
かど
門下生（もんかせい）
門松（かどまつ）

承

ショウ
うけたまわ-る
承認（しょうにん）
ご意見（いけん）を
承（うけたまわ）る

奉

ホウ、ブ
たてまつ-る
奉獻（ほうけん）
供奉（ぐぶ）

典

テン
名＝のり
辭典（じてん）
典型（てんけい）

表

ヒョウ
おもて、あらわ-す
表裝（ひょうそう）
姿（すがた）を表（あらわ）す

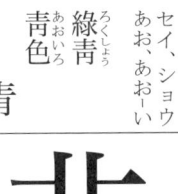

九畫

係
ケイ
かか-る、かかり
關係（かんけい）
受付係（うけつけがかり）

侯
コウ
侯爵（こうしゃく）
諸侯（しょこう）

俊
シュン
名=とし
俊敏（しゅんびん）
俊逸（しゅんいつ）

信
シン
名=のぶ
迷信（めいしん）
信用（しんよう）

侵
シン
おか-す
侵害（しんがい）
侵入（しんにゅう）
侵

促
ソク
うなが-す
促進（そくしん）
督促（とくそく）

俗
ゾク
(意)ならい
通俗（つうぞく）
俗稱（ぞくしょう）

便
ベン、ビン
たよ-り
便利（べんり）
便乘（びんじょう）
便

侮
ブ
あなど-る
輕侮（けいぶ）
侮る（あなど）
侮

保
ホ
たも-つ
名=やす
保險（ほけん）
保釋金（ほしゃくきん）

幽
ユウ
かす-か
幽靈（ゆうれい）
清幽（せいゆう）

厚

コウ
あつ-い
名＝あつし
溫厚(おんこう)
厚着(あつぎ)

厘

リン
(数量の単位)
一銭五厘(いっせんごりん)

南

ナン、ナ
みなみ
南極(なんきょく)
南回帰線(みなみかいきせん)

勉

ベン
つと-める
勉勵(べんれい)
勤勉(きんべん)

勉

勇

ユウ
いさ-む
いさ-ましい
武勇傳(ぶゆうでん)
勇み肌(いさみはだ)

勇

哀

アイ
あわ-れ
喜怒哀樂(きどあいらく)
哀れを催す(あわれをもよおす)

亭

テイ
亭主(ていしゅ)
料亭(りょうてい)

卸

シャ
おろ-す、おろし
棚卸し(たなおろし)
卸問屋(おろしどんや)

卽

ソク
すなわ-ち
卽應(そくおう)
卽ち(すなわち)

即

削

サク
けず-る
添削(てんさく)
削り節(けずりぶし)

削

剎

サツ、セツ
名剎(めいさつ)
剎那(せつな)

刹

則

ソク
のり、すなわ-ち
のっと-る
鐵則(てっそく)
規則(きそく)

冠
カン
かんむり
冠婚葬祭（かんこんそうさい）
榮冠（えいかん）

軍
グン
いくさ
軍隊（ぐんたい）
進軍（しんぐん）

客
キャク、カク
來客（らいきゃく）
主客轉倒（しゅかくてんとう）

室
シツ
むろ
室内（しつない）
氷室（ひむろ）

宣
セン
の-べる
名＝のぶ
宣傳（せんでん）
託宣（たくせん）

建
ケン、コン
た-つ
建築（けんちく）
建立（こんりゅう）
建

郊
コウ
（意）町はずれ
いなか
近郊（きんこう）
郊外（こうがい）

姻
イン
（意）えんぐみ
姻戚（いんせき）
婚姻（こんいん）

姿
シ
すがた
容姿（ようし）
姿見（すがたみ）
姿

要
ヨウ
かなめ、い-る
要望（ようぼう）
肝心要（かんじんかなめ）
要

後
コウ、ゴ
のち、うし-ろ
あと、おく-れる
後悔（こうかい）
後程（のちほど）

待
タイ
ま-つ
名＝まち
待望（たいぼう）
待ち合せ（まちあわせ）

律
リツ、リチ
(意)おきて、さだめ
調律(ちょうりつ)
律儀(りちぎ)

咲
ショウ
さーく
咲(さ)き亂(みだ)れる
咲

品
ヒン
しな
品評(ひんぴょう)
絶品(ぜっぴん)

狩
シュ
かり、かーる
狩獵(しゅりょう)
潮干狩(しおひがり)

孤
コ
(意)ひとり
孤獨(こどく)
孤立(こりつ)

限
ゲン
かぎーる
權限(けんげん)
限(かぎ)りなく

降
コウ
ふーる、おーりる
降參(こうさん)
以降(いこう)
降

活
カツ
いーきる
活發(かっぱつ)
生活(せいかつ)

洪
コウ
(意)おおみず
大きい
洪水(こうずい)
洪恩(こうおん)

洗
セン
あらーう
洗濯(せんたく)
洗(あら)い張(は)り

津
シン
つ
興味津津(きょうみしんしん)
津波(つなみ)

洞
トウ、ドウ
ほら
鍾乳洞(しょうにゅうどう)
空洞(くうどう)

派
ハ
派遣（はけん）
流派（りゅうは）
派

洋
ヨウ
名＝ひろ、ひろし
洋服（ようふく）
太平洋（たいへいよう）

染
セン、ゼン
そ-める、し-みる
傳染（でんせん）
染め物（そめもの）

彦
ゲン
ひこ
彦星（ひこぼし）
山彦（やまびこ）
彦

屋
オク
や
屋内（おくない）
本屋（ほんや）

耐
タイ
た-える
耐寒訓練（たいかんくんれん）
忍耐（にんたい）

封
フウ、ホウ
封鎖（ふうさ）
封建的（ほうけんてき）

奔
ホン
はし-る
奔走（ほんそう）
出奔（しゅっぽん）
奔

契
ケイ
ちぎ-る
契約（けいやく）
默契（もっけい）
契

垣
エン
かき
垣根（かきね）
生け垣（いけがき）

型
ケイ
かた
原型（げんけい）
鑄型（いがた）

括
カツ
くく-る
總括（そうかつ）
高を括る（たかをくくる）

拷

ゴウ
(意)うつ、たたく
拷問（ごうもん）
拷掠（ごうりゃく）

指

シ
ゆび、さ-す
指壓（しあつ）
指人形（ゆびにんぎょう）

持

ジ、チ
も-つ
持參（じさん）
持ち前（もちまえ）

拾

シュウ、ジュウ
ひろ-う
收拾（しゅうしゅう）
拾い讀み（ひろいよみ）

挑

チョウ
いど-む
挑發（ちょうはつ）
戰いを挑む（たたかいをいどむ）

拜

ハイ
おが-む
參拜（さんぱい）
拜み倒す（おがみたおす）

拝

帝

テイ、タイ
みかど
皇帝（こうてい）
帝釋天（たいしゃくてん）

帝

帥

スイ、ソツ
(意)ひきいる
將帥（しょうすい）
帥先（そっせん）

度

ド、ト、タク
たび
名=のり
溫度（おんど）
此の度（このたび）

炭

タン
すみ
炭鑛（たんこう）
消し炭（けしずみ）

炭

峠

【国字】
とうげ
峠を越す（とうげをこす）

弧

コ
弧狀（こじょう）
括弧（かっこ）

恆

コウ
名＝つね、ひさし
恆常性（こうじょうせい）
恆久（こうきゅう）

恒

恨

コン
うら-む
恨事（こんじ）
逆恨み（さかうらみ）

牲

セイ
(意)いけにえ
犧牲（ぎせい）

威

イ
おど-す
名＝たけし
威嚴（いげん）
權威（けんい）

枯

コ
か-れる
榮枯盛衰（えいこせいすい）
枯れ枝（かれえだ）

相

ソウ、ショウ
あい
眞相（しんそう）
相手（あいて）

柱

チュウ
はしら
圓柱（えんちゅう）
大黑柱（だいこくばしら）

柱

柊

シュウ
ひいらぎ
柊の葉（ひいらぎのは）

柊

柄

ヘイ
え、がら
横柄（おうへい）
家柄（いえがら）

柄

柳

リュウ
やなぎ
柳眉（りゅうび）
柳樽（やなぎだる）

架

カ
か-ける
(意)たな
架空（かくう）
書架（しょか）

某

ボウ
それがし
某所（ぼうしょ）
某日（ぼうじつ）

柔

ジュウ、ニュウ
やわ-らかい
柔道（じゅうどう）
柔肌（やわはだ）

柔

査

サ
（意）しらべる
検査（けんさ）
査察（ささつ）

英

エイ
ひい-でる、はなぶさ
名＝ひで、すぐる
英語（えいご）
俊英（しゅんえい）

英

苛

カ
苛酷（かこく）
苛烈（かれつ）

苛

苦

ク
くる-しい、にが-い
苦労（くろう）
見苦（みぐる）しい

苦

若

ジャク、ニャク、ニャ
わか-い
も-しくは
若輩（じゃくはい）
若者（わかもの）

若

苗

ビョウ、ミョウ
なえ、なわ
苗裔（びょうえい）
早苗（さなえ）

苗

茂

モ
しげ-る
繁茂（はんも）
茂（しげ）み

茂

急

キュウ
いそ-ぐ
急行（きゅうこう）
急（いそ）ぎ足（あし）

急

思

シ
おも-う
意思（いし）
思（おも）いやり

怠

タイ
おこた-る
なま-ける
倦怠（けんたい）
注意（ちゅうい）を怠（おこた）る

怒

ド、ヌ
いか-る、おこ-る
怒號（どごう）
怒（いか）り肩（かた）

述

ジュツ
の-べる
述懐（じゅっかい）
述（の）べる

述

迭

テツ
(意) かわる
更迭（こうてつ）
迭立（てつりつ）

迭

迫

ハク
せま-る
名＝さこ
壓迫（あっぱく）
敵（てき）が迫（せま）る

迫

迪

テキ
みち
名＝すすむ、ただし
啓迪（けいてき）
迪知（てきち）

迪

珍

チン
めずら-しい
珍説（ちんせつ）
物珍（ものめずら）しい

胎

タイ
はら-む
胎教（たいきょう）
胎兒（たいじ）

胞

ホウ
えな
胞子（ほうし）
細胞（さいぼう）

胞

前

ゼン
まえ
前衞（ぜんえい）
前齒（まえば）

前

胃

イ
胃腸藥（いちょうやく）
胃酸（いさん）

背

ハイ
せ、せい、そむ-く
背徳（はいとく）
背廣（せびろ）

映

エイ
うつ-る、は-える
映畫（えいが）
水（みず）に映（うつ）る

昨

サク
(意) きのう
昨曉（さくぎょう）
一昨日（いっさくじつ）

昭

ショウ
あき-らか
顯昭（けんしょう）（名）
昭然（しょうぜん）

者

シャ
もの
學者（がくしゃ）
曲者（くせもの）
者

春

シュン
はる
名＝かす
春分（しゅんぶん）
春雨（はるさめ）

是

ゼ
これ
是認（ぜにん）
是（これ）すなわち

星

セイ、ショウ
ほし
星團（せいだん）
衞星（えいせい）

重

ジュウ、チョウ
おも-い
かさ-ねる、え
尊重（そんちょう）
八重（やえ）

故

コ
ゆえ、ふる-い
故鄕（こきょう）
故（ゆえ）に

政

セイ、ショウ
まつりごと
名＝まさ
政治（せいじ）
攝政（せっしょう）

致

チ
いた-す
滿場一致（まんじょういっち）
致命的（ちめいてき）
致

畑

【国字】
はた、はたけ
畑作（はたさく）
畑水練（はたけすいれん）

施

シ、セ
ほどこ-す
實施（じっし）
施（ほどこ）し物（もの）

段

ダン
段落（だんらく）
手段（しゅだん）

突

トツ
つ-く
突撃（とつげき）
玉突き（たまつき）

突

砂

サ、シャ
すな
砂鐵（さてつ）
土砂崩れ（どしゃくずれ）

盆

ボン
盆栽（ぼんさい）
盆踊り（ぼんおどり）

盆

祈

キ
いの-る
祈願（きがん）
お祈り（いの）

祈

祉

シ
(意)さいわい
福祉（ふくし）

祉

皇

コウ、オウ
きみ、すめら
皇帝（こうてい）
教皇（きょうこう）

泉

セン
いずみ
溫泉（おんせん）
黃泉（こうせん）

皆

カイ
みな
皆勤（かいきん）
皆様（みなさま）

界

カイ
さかい
視界（しかい）
社交界（しゃこうかい）

科

カ
しな、とが
科學（かがく）
更科（さらしな）

秋

シュウ
あき
秋季（しゅうき）
秋晴れ（あきば）

秒

ビョウ
秒速（びょうそく）
分秒（ふんびょう）

冒
ボウ
おか-す
冒険（ぼうけん）
肺（はい）を冒（おか）す
冒

盾
ジュン
たて
矛盾（むじゅん）

省
ショウ、セイ
はぶ-く
かえり-みる
反省（はんせい）
説明（せつめい）を省（はぶ）く

看
カン
み-る
看護（かんご）
看板（かんばん）

疫
エキ、ヤク
疫病（やくびょう）
惡疫（あくえき）

紀
キ
名＝のり
紀行文（きこうぶん）
世紀（せいき）

糾
キュウ
あざな-う、ただ-す
糾彈（きゅうだん）
紛糾（ふんきゅう）

紅
コウ、ク
くれない、べに
紅茶（こうちゃ）
眞紅（しんく）

約
ヤク
契約（けいやく）
約束（やくそく）
約

虐
ギャク
しいた-げる
殘虐（ざんぎゃく）
虐待（ぎゃくたい）
虐

美
ビ、ミ
うつく-しい
名＝よし、はる
美術（びじゅつ）
美點（びてん）

貞
テイ
名＝さだ、ただし
貞潔（ていけつ）
貞操（ていそう）

負
フ
ま-ける、お-う
勝負（しょうぶ）
背負う（せおう）
負

軌
キ
(意)わだち
廣軌（こうき）
軌道（きどう）

計
ケイ
はか-る
計畫（けいかく）
計り賣り（はかりうり）

訂
テイ
(意)ただす
校訂（こうてい）
增訂版（ぞうていばん）

赴
フ
おもむ-く
單身赴任（たんしんふにん）
赴援（ふえん）

音
オン、イン
おと、ね
音樂（おんがく）
福音（ふくいん）
音

革
カク
かわ、あらた-まる
沿革（えんかく）
革靴（かわぐつ）

風
フウ、フ
かぜ、かざ
強風（きょうふう）
風車（かざぐるま）

首
シュ、ス
くび、こうべ
黨首（とうしゅ）
首っ引き（くびっぴき）

食
ショク、ジキ
く-う、た-べる
食籠（じきろう）
食い氣（くいけ）
食

飛
ヒ
と-ぶ
飛躍（ひやく）
飛び道具（とびどうぐ）

香
コウ、キョウ
か、かお-り
かお-る
香氣（こうき）
香川縣（かがわけん）

面

メン
おも、おもて、つら
面會（めんかい）
面構え（つらがまえ）

甚

ジン
はなは-だ
被害甚大（ひがいじんだい）
甚だしい（はなはだしい）

奏

ソウ
かな-でる
奏樂（そうがく）
琴（こと）を奏（かな）でる

十畫

個

コ、カ
個體（こたい）
個條（かじょう）

候

コウ
そうろう
候補（こうほ）
候文（そうろうぶん）

借

シャク
か-りる
借金（しゃっきん）
前借り（まえがり）

修

シュウ、シュ
おさ-める
名＝おさむ
修養（しゅうよう）
武者修行（むしゃしゅぎょう）

値

チ
ね、あたい
値遇（ちぐう）
數値（すうち）

倒

トウ
たお-れる
壓倒（あっとう）
共倒れ（ともだおれ）

俳

ハイ
俳號（はいごう）
俳諧（はいかい）

倍

バイ

倍舊(ばいきゅう)　數倍(すうばい)

俵

ヒョウ　たわら

土俵(どひょう)　米俵(こめだわら)

併

ヘイ　あわ-せる　しか-し

併發(へいはつ)　合併(がっぺい)

併

倣

ホウ　なら-う

模倣(もほう)　依倣(いほう)

俸

ホウ　(意)ふち、給料

俸祿(ほうろく)　減俸(げんぽう)

倫

リン　名=とも、みち、のり

倫理學(りんりがく)　人倫(じんりん)

竝

ヘイ　なみ、なら-ぶ

竝行(へいこう)　齒竝び(はならび)

並

乘

ジョウ　の-る

便乘(びんじょう)　乘り換え(のりかえ)

乗

原

ゲン　はら

原價(げんか)　野原(のはら)

辱

ジョク　はずかし-める　かたじけな-い

侮辱(ぶじょく)　辱知(じょくち)

唇

シン　くちびる

唇音(しんおん)　紅唇(こうしん)

能

ノウ　あた-う　名=よし

能率(のうりつ)　效能(こうのう)

脅

キョウ
おびや-かす
おど-す
脅迫（きょうはく）
脅威（きょうい）

高

コウ
たか-い
高級（こうきゅう）
氣高い（けだかい）

衰

スイ
おとろ-える
衰弱（すいじゃく）
老衰（ろうすい）

衰

畜

チク
(意)飼う
畜産（ちくさん）
人畜（じんちく）

衷

チュウ
和洋折衷（わようせっちゅう）

准

ジュン
(意)許す、準ずる
准將（じゅんしょう）
批准（ひじゅん）

凍

トウ
こお-る、こご-える
凍害（とうがい）
冷凍（れいとう）

兼

ケン
か-ねる
兼用（けんよう）
氣兼ね（きがね）

兼

倉

ソウ
くら
穀倉（こくそう）
倉渡し（くらわたし）

剛

ゴウ
名=たけし、つよし
剛毅（ごうき）
質實剛健（しつじつごうけん）

剝

ハク
は-ぐ
剝製（はくせい）
剝奪（はくだつ）

剥

剖

ボウ、ホウ
(意)さく、わける
剖判（ほうはん）
解剖（かいぼう）

案

アン

案内（あんない）
圖案（ずあん）

宴

エン
うたげ

宴會（えんかい）
祝宴（しゅくえん）

家

カ、ケ
いえ、や、うち

國家（こっか）
家來（けらい）

害

ガイ
そこな-う

害毒（がいどく）
迫害（はくがい）

害

宮

キュウ、グウ、ク
みや

神宮（じんぐう）
宮參り（みやまいり）

宰

サイ
（意）つかさどる

主宰（しゅさい）
太宰府（だざいふ）

宰

宵

ショウ
よい

春宵（しゅんしょう）
宵闇（よいやみ）

宵

容

ヨウ
い-れる
名＝やす

容器（ようき）
美容（びよう）

郡

グン
こおり

郡縣制度（ぐんけんせいど）
郡山市（こおりやまし）

郎

ロウ

郎從（ろうじゅう）
野郎（やろう）

郎

姬

キ
ひめ

美姬（びき）
姬君（ひめぎみ）

姫

娘

ジョウ
むすめ

娘子（じょうし）
小娘（こむすめ）

娛
ゴ
たの-しむ
娛樂（ごらく）
娯

娠
シン
はら-む
妊娠（にんしん）

徐
ジョ
おもむろ
緩徐（かんじょ）
徐行（じょこう）

徒
ト
いたずら-に
徒勞（とろう）
徒（いたずら）に時（とき）を過（す）ごす

徑
ケイ
みち、こみち
直情徑行（ちょくじょうけいこう）
半徑（はんけい）
径

唆
サ
そそのか-す
示唆（しさ）
教唆（きょうさ）

狹
キョウ
せま-い
せば-まる
偏狹（へんきょう）
狹苦（せまくる）しい
狭

孫
ソン
まご
子孫（しそん）
初孫（ういまご）

院
イン
醫院（いいん）
院號（いんごう）

除
ジョ、ジ
のぞ-く
削除（さくじょ）
除外（じょがい）

陣
ジン
陣營（じんえい）
戰陣（せんじん）

陛
ヘイ
（意）きざはし
陛下（へいか）

浦
ホ
うら
曲浦（きょくほ）
浦里（うらざと）

海
カイ
うみ
名＝み
海産物（かいさんぶつ）
海鳴り（うみなり）
海

浩
コウ
名＝ひろ、ひろし
浩然の氣（こうぜんのき）
浩

酒
シュ
さけ、さか
酒精飲料（しゅせいいんりょう）
甘酒（あまざけ）

消
ショウ
き-える、け-す
雲散霧消（うんさんむしょう）
立ち消え（たちぎえ）
消

渉
ショウ
わた-る
交渉（こうしょう）
渉外（しょうがい）
渉

浸
シン
ひた-す
浸透（しんとう）
水に浸す（みずにひたす）
浸

浮
フ
う-く、う-かぶ
浮沈（ふちん）
浮き雲（うきぐも）
浮

浴
ヨク
あ-びる
溫浴（おんよく）
水浴び（みずあび）

流
リュウ、ル
なが-れる
清流（せいりゅう）
流轉（るてん）

浪
ロウ
なみ
赤穂浪士（あこうろうし）
浪風（なみかぜ）

展
テン
名＝のぶ
展覽會（てんらんかい）
發展（はってん）

埋

マイ
う-める、うも-れる
埋沒（まいぼつ）
埋め立て地（うめたてち）

城

ジョウ
しろ
名＝き
城壁（じょうへき）
宮城縣（みやぎけん）

城

挾

キョウ
はさ-む
挾擊（きょうげき）
手を挾む（てをはさむ）

挟

振

シン
ふ-る
振恐（しんきょう）
振り仮名（ふりがな）

捕

ホ
とら-える、と-る
つか-まえる
逮捕（たいほ）
捕物帳（とりものちょう）

哲

テツ
名＝あきら、さとし
哲學（てつがく）
先哲（せんてつ）

拳

ケン、ゲン
こぶし
鐵拳（てっけん）
握り拳（にぎりこぶし）

拳

師

シ
名＝もろ
醫師（いし）
師範（しはん）

夏

カ、ゲ
なつ
盛夏（せいか）
眞夏（まなつ）

座

ザ
すわ-る
講座（こうざ）
座談會（ざだんかい）

席

セキ
（意）むしろ
席畫（せきが）
缺席（けっせき）

庭

テイ
にわ
名＝ば
庭園（ていえん）
庭木戸（にわきど）

庭

唐

トウ
から
唐突(とうとつ)
唐獅子(からじし)
唐

庫

コ、ク
くら
文庫(ぶんこ)
庫裏(くり)

峡

キョウ
(意)はざま
峡谷(きょうこく)
海峡(かいきょう)
峡

峰

ホウ
みね
靈峰(れいほう)
峰打(みねう)ち

島

トウ
しま
半島(はんとう)
島國(しまぐに)

弱

ジャク
よわ-い
軟弱(なんじゃく)
弱蟲(よわむし)
弱

悦

エツ
よろこ-ぶ
悦勸(えっかん)
悦豫(えつよ)
悦

悔

カイ
く-いる、く-やむ
くや-しい
後悔(こうかい)
お悔(く)やみ
悔

悟

ゴ
さと-る
覺悟(かくご)
悟(さと)りを開(ひら)く

殊

シュ
こと
殊勝(しゅしょう)
特殊(とくしゅ)

殉

ジュン
したが-う
殉國(じゅんこく)
殉教者(じゅんきょうしゃ)

特

トク、ドク
特許(とっきょ)
獨特(どくとく)

栽

サイ
う-える
栽培（さいばい）
盆栽（ぼんさい）

格

カク
（意）ただす、いたる
格調（かくちょう）
體格（たいかく）

核

カク
（意）中心
核戰爭（かくせんそう）
核家族（かくかぞく）

株

シュ
かぶ
守株（しゅしゅ）
株式會社（かぶしきがいしゃ）

校

コウ、キョウ
くら-べる
校閲（こうえつ）
學校（がっこう）

校

根

コン
ね
根氣（こんき）
根絶やし（ねだやし）

栓

セン
消火栓（しょうかせん）
栓抜き（せんぬき）

栓

桃

トウ
もも
桃源郷（とうげんきょう）
桃の節句（もものせっく）

桑

ソウ
くわ
桑園（そうえん）
桑畑（くわばたけ）

氣

キ、ケ
氣候（きこう）
空氣（くうき）

気

茨

いばら
茨城縣（いばらきけん）

茨

荒

コウ
あら-い、あ-れる
破天荒（はてんこう）
荒磯（あらいそ）

荒

草

ソウ
くさ
福壽草（ふくじゅそう）
若草（わかくさ）
草

茶

チャ、サ
綠茶（りょくちゃ）
茶房（さぼう）
茶

恩

オン
めぐみ
恩惠（おんけい）
謝恩會（しゃおんかい）
恩

恐

キョウ
おそ-れる
恐怖（きょうふ）
恐（おそ）れ多（おお）い
恐

息

ソク
いき
消息（しょうそく）
吐息（といき）

恭

キョウ
うやうや-しい
恭悅（きょうえつ）
恭謙（きょうけん）

逆

ギャク、ゲキ
さか-らう
逆轉（ぎゃくてん）
逆夢（さかゆめ）
逆

送

ソウ
おく-る
送還（そうかん）
見送（みおく）る
送

退

タイ
しりぞ-く
脫退（だったい）
引退（いんたい）
退

追

ツイ
お-う
追跡（ついせき）
追（お）い返（かえ）す
追

逃

トウ
に-げる、のが-す
逃避（とうひ）
食（く）い逃（に）げ
逃

迷

メイ
まよ-う
迷彩（めいさい）
迷子（まいご）
迷

珠

シュ、ジュ
たま
珠玉（しゅぎょく）
眞珠（しんじゅ）

班

ハン
(意)わける、組
班爵（はんしゃく）
班長（はんちょう）

胸

キョウ
むね、むな
胸圍（きょうい）
胸騒ぎ（むなさわぎ）

脂

シ
あぶら
脫脂粉乳（だっしふんにゅう）
脂汗（あぶらあせ）

胴

ドウ、トウ
胴體（どうたい）
胴巻（どうまき）

脈

ミャク
(意)すじ
文脈（ぶんみゃく）
脈絡（みゃくらく）

脈

朕

チン
(意)天子の自称
朕は國家（こっか）なり

朕

扇

セン
おうぎ
扇子（せんす）
舞い扇（まいおうぎ）

扇

時

ジ
とき
當時（とうじ）
潮時（しおどき）

書

あ
書寫（しょしゃ）
書き流す（かきながす）

晉

シン
すす-む
晉書（しんじょ）
晉（すすむ）(名)

晋

效

コウ
き-く
效果（こうか）
效き目（きめ）

効

旅

リョ
たび
旅愁（りょしゅう）
旅人（たびびと）
旅

烈

レツ
はげ-しい
強烈（きょうれつ）
烈風（れっぷう）
烈

破

ハ
やぶ-る
破壊（はかい）
横紙破り（よこがみやぶり）
破

砲

ホウ
（意）つつ
砲撃（ほうげき）
鐵砲（てっぽう）
砲

被

ヒ
こうむ-る
おお-う
被服（ひふく）
被告（ひこく）
被

益

エキ、ヤク
ます、ますます
益壽藥（えきじゅやく）
益福（えきふく）
益

泰

タイ
名＝やす、やすし
泰然自若（たいぜんじじゃく）
安泰（あんたい）
泰

祝

シュク、シュウ
いわ-う
祝儀（しゅうぎ）
祝い酒（いわいざけ）
祝

神

シン、ジン
かみ、かん、こう
神社（じんじゃ）
神戸（こうべ）
神

祖

ソ
祖國（そこく）
先祖（せんぞ）
祖

祐

ユウ
名＝さち、すけ
祐（右）筆（ゆうひつ）
祐

畔

ハン
あぜ、ほとり
湖畔（こはん）
畔道（あぜみち）
畔

留
リュウ、ル
と-める
とど-まる
留學（りゅうがく）
留め針（とめばり）

畝
ホ、ボウ
せ、うね
畝數（ほすう）
畝間（うねま）

租
ソ
(意)みつぎ、税金
租税（そぜい）
免租（めんそ）

秩
チツ、チチ
(意)順序だてる
秩序（ちつじょ）
秩祿公債（ちつろくこうさい）

祕
ヒ
ひ-める
祕密（ひみつ）
極祕（ごくひ）
秘

眠
ミン
ねむ-る
冬眠（とうみん）
眠り藥（ねむりぐすり）

眞
シン
ま
眞劍（しんけん）
眞心（まごころ）
真

疾
シツ
(意)やまい、はやい
惡疾（あくしつ）
疾走（しっそう）

症
ショウ
(意)病気
症狀（しょうじょう）
炎症（えんしょう）

疲
ヒ
つか-れる
疲勞（ひろう）
氣疲れ（きづかれ）

病
ビョウ、ヘイ
や-む、やまい
病氣（びょうき）
疾病（しっぺい）
病

級
キュウ
(意)段階、クラス
進級（しんきゅう）
級數（きゅうすう）
級

紙

シ
かみ
紙幣（しへい）
手紙（てがみ）

純

ジュン
名＝すみ
純眞（じゅんしん）
單純（たんじゅん）

納

ノウ、ナッ、ナ
ナン、トウ
おさ-める
納稅（のうぜい）
出納（すいとう）
納

紡

ボウ
つむ-ぐ
紡績（ぼうせき）
絲を紡ぐ（いと・つむ）

紛

フン
まぎ-れる
紛爭（ふんそう）
紛れ込む（まぎ・こ）
紛

紋

モン
紋樣（もんよう）
指紋（しもん）
紋

索

サク
（意）もとめる
さがす
檢索（けんさく）
暗中模索（あんちゅうもさく）

素

ソ、ス
もと
鹽素（えんそ）
素數（そすう）

粉

フン
こな、こ
粉末（ふんまつ）
小麥粉（こむぎこ）
粉

料

リョウ
はか-る
飲料（いんりょう）
料金（りょうきん）

笑

ショウ
わら-う、え-む
微笑（びしょう）
笑い話（わら・ばなし）

翁

オウ
おきな
老翁（ろうおう）
翁飴（おきなあめ）
翁

差
サ
さ-す
誤差（ごさ）
差し出る（さ・で）

航
コウ
（意）わたる
航海（こうかい）
渡航（とこう）

般
ハン
般若（はんにゃ）
全般（ぜんぱん）

缺
ケツ
か-ける
缺陷（けっかん）
缺け目（か・め）
欠

臭
シュウ
くさ-い、におい
臭氣（しゅうき）
きな臭い（くさ）
臭

恥
チ
はじ、は-じる
破廉恥（はれんち）
赤恥（あかはじ）

蚊
ブン
か
蚊雷（ぶんらい）
蚊帳（かや）
蚊

耕
コウ
たがや-す
耕作（こうさく）
畑を耕す（はたけ・たがや）
耕

耗
モウ、コウ
（意）へる
消耗（しょうもう）
心神耗弱（しんしんこうじゃく）
耗

財
ザイ、サイ
たから
財寶（ざいほう）
文化財（ぶんかざい）

員
イン
名＝かず
員數（いんずう）
教員（きょういん）

貢
コウ、ク
みつ-ぐ
貢獻（こうけん）
年貢（ねんぐ）

軒

ケン
のき
軒燈（けんとう）
軒先（のきさき）

記

キ
しる-す
記録（きろく）
心（こころ）に記（しる）す

訓

クン、キン
(意)おしえる
訓練（くんれん）
庭訓（ていきん）

託

タク
(意)たのむ、まかせる
託送（たくそう）
委託（いたく）

討

トウ
う-つ
檢討（けんとう）
かたき討（う）ち

酌

シャク
く-む
晩酌（ばんしゃく）
獨酌（どくしゃく）
酌

配

ハイ
くば-る
配達（はいたつ）
氣（き）を配（くば）る

起

キ
お-きる、お-こる
お-こす、た-つ
縁起（えんぎ）
朝起（あさお）き
起

射

シャ
い-る
注射（ちゅうしゃ）
的（まと）を射（い）る

針

シン
はり
針術（しんじゅつ）
針仕事（はりしごと）

隻

セキ
(意)ひとつ
隻影（せきえい）
一隻（いっせき）
隻

馬

バ、メ、マ
うま、ま
繪馬（えま）
馬方（うまかた）

鬼
キ
おに
疑心暗鬼（ぎしんあんき）
鬼瓦（おにがわら）

骨
コツ
ほね
遺骨（いこつ）
小骨（こぼね）

十一畫

偉
イ
えら-い
偉大（いだい）
偉業（いぎょう）
偉

假
カ、ケ
かり
假面（かめん）
假處分（かりしょぶん）
仮

偶
グウ
たまたま
偶數（ぐうすう）
配偶者（はいぐうしゃ）

健
ケン
すこ-やか
名＝たけ、たけし
健全（けんぜん）
保健所（ほけんじょ）
健

側
ソク
かわ、そば
(意)かたわら
側近（そっきん）
片側（かたがわ）

停
テイ、チョウ
とど-まる
調停（ちょうてい）
停滞（ていたい）

偵
テイ
(意)うかがう
内偵（ないてい）
偵察（ていさつ）

偏
ヘン
かたよ-る
偏食（へんしょく）
偏狹（へんきょう）
偏

條
ジョウ
(意)えだ
條約（じょうやく）
信條（しんじょう）
条

乾
カン、ケン
かわ-く、いぬい
乾濕計（かんしつけい）
乾杯（かんぱい）

區
ク
(意)さかい
區分（くぶん）
地區（ちく）
区

匿
トク
かく-す、かく-れる
匿名（とくめい）
隱匿（いんとく）
匿

勘
カン
(意)かんがえる
勘辨（かんべん）
勘當（かんどう）

動
ドウ
うご-く
運動（うんどう）
身動き（みうごき）

務
ム
つと-める
名＝つとむ
勤務（きんむ）
税務（ぜいむ）

率
ソツ、リツ
ひき-いる
輕率（けいそつ）
率分（りつぶん）
率

副
フク
そ-う
副業（ふくぎょう）
副作用（ふくさよう）

寄
キ
よ-る
名＝より
寄贈（きぞう）
寄り道（よりみち）

寂
ジャク、セキ
さび-しい
靜寂（せいじゃく）
物寂しい（ものさびしい）

宿

シュク
やど
宿舎（しゅくしゃ）
一宿一飯（いっしゅくいっぱん）

密

ミツ
ひそ-か
祕密（ひみつ）
密獵（みつりょう）

郭

カク
くるわ
郭公（かっこう）
輪郭（りんかく）

部

ブ
(意)わける
部署（ぶしょ）
部屋（へや）

郵

ユウ
郵送（ゆうそう）
郵稅（ゆうぜい）

婚

コン
(意)えんぐみ
婚禮（こんれい）
結婚（けっこん）

婦

フ
(意)おんな、よめ
主婦（しゅふ）
婦德（ふとく）
婦

婆

バ
ばば
產婆（さんば）
鬼婆（おにばば）

從

ジュウ、ジュ
ショウ
したが-う
服從（ふくじゅう）
從事（じゅうじ）
従

術

ジュツ
わざ、すべ
藝術（げいじゅつ）
神術（かみわざ）
術

得

トク
え-る、う-る
得意（とくい）
心得（こころえ）

唱

ショウ
とな-える
唱歌（しょうか）
獨唱（どくしょう）

啄

タク
ついば-む
啄木（たくぼく）

啄

唯

ユイ、イ
ただ
唯物論（ゆいぶつろん）
唯我獨尊（ゆいがどくそん）

商

ショウ
あきな-う
商賣（しょうばい）
商社（しょうしゃ）

圈

ケン
(意)おり
圈內（けんない）
成層圈（せいそうけん）

圏

國

コク
くに
國家（こっか）
島國（しまぐに）

国

猛

モウ
たけ-し
猛獸（もうじゅう）
猛猛しい（たけだけしい）

陰

イン
かげ
陰氣（いんき）
日陰（ひかげ）

陷

カン
おとしい-れる
おちい-る
陷沒（かんぼつ）
缺陷（けっかん）

陥

陳

チン
の-べる
つら-ねる
陳情（ちんじょう）
開陳（かいちん）

陶

トウ
(意)やきもの
陶器（とうき）
陶醉（とうすい）

陪

バイ
(意)したがう
陪觀（ばいかん）
陪乘（ばいじょう）

陸

リク
おか、くが
陸戰隊（りくせんたい）
陸續（りくぞく）

陵

リョウ
みささぎ
御陵（ごりょう）
丘陵（きゅうりょう）

液

エキ
(意)しる
液體（えきたい）
血液（けつえき）

涯

ガイ
(意)みぎわ、はて
涯分（がいぶん）
天涯孤獨（てんがいこどく）

混

コン
ま-ぜる
混亂（こんらん）
混雜（こんざつ）

淑

シュク
名=よし
淑徳（しゅくとく）
淑女（しゅくじょ）

淨

ジョウ
きよ-い
淨化（じょうか）
極樂淨土（ごくらくじょうど）

浄

深

シン
ふか-い
深遠（しんえん）
深淺（しんせん）

淸

セイ、ショウ
きよ-い
きよ-める
淸潔（せいけつ）
淸元（きよもと）

清

淡

タン
あわ-い
淡彩（たんさい）
淡雪（あわゆき）

添

テン
そ-う、そ-える
添削（てんさく）
力添え（ちからぞえ）

添

涼

リョウ
すず-しい
淸涼劑（せいりょうざい）
夕涼み（ゆうすずみ）

淚

ルイ
なみだ
感淚（かんるい）
聲淚（せいるい）

涙

淺
セン
あさ-い
淺慮（せんりょ）
遠淺（とおあさ）
浅

參
サン
まい-る
參考（さんこう）
お參り（まい）
参

彩
サイ
いろど-る
名＝あや
色彩（しきさい）
水彩畫（すいさいが）
彩

彫
チョウ
ほ-る
彫刻（ちょうこく）
透かし彫り（す　ぼ）
彫

晝
チュウ
ひる
晝夜兼行（ちゅうやけんこう）
晝寢（ひるね）
昼

尉
イ
じょう
尉官（いかん）
少尉（しょうい）

專
セン
もっぱ-ら
專門（せんもん）
專橫（せんおう）
専

巢
ソウ
す
巢窟（そうくつ）
古巢（ふるす）
巣

常
ジョウ
つね、とこ
常溫（じょうおん）
常に（つね）

堂
ドウ
(意)大きい建築物
食堂（しょくどう）
講堂（こうどう）

域
イキ
(意)さかい、くぎる
區域（くいき）
領域（りょういき）

培
バイ
つちか-う
培養（ばいよう）
栽培（さいばい）

堀
クツ
ほり、ほ-る
内堀（うちぼり）
堀割（ほりわり）

基
キ
もとい
もと-づく
基點（きてん）
開基（かいき）

掛
カ、ケ
か-かる
か-ける、かかり
掛け聲（かけごえ）
掛賣り（かけうり）

掘
クツ
ほ-る
採掘（さいくつ）
發掘（はっくつ）

控
コウ
ひか-える
控除（こうじょ）
控え室（ひかえしつ）
控

採
サイ
と-る
採用（さいよう）
伐採（ばっさい）
採

捨
シャ
す-てる
取捨選擇（しゅしゃせんたく）
捨て石（すていし）
捨

授
ジュ
さず-ける
授與（じゅよ）
傳授（でんじゅ）
授

推
スイ
お-す
類推（るいすい）
推擧（すいきょ）

据
キョ
す-える
据え膳（すえぜん）
据え付ける（すえつける）

接
セツ
つ-ぐ
接續（せつぞく）
直接（ちょくせつ）

措
ソ
お-く
措辭（そじ）
擧措（きょそ）

掃

ソウ
は-く
清掃（せいそう）
掃き溜め（はきだめ）

掃

探

タン
さぐ-る、さが-す
探檢（たんけん）
手探り（てさぐり）

排

ハイ
(意)おしのける
ならぶ
排氣（はいき）
排除（はいじょ）

帳

チョウ
とばり
帳消し（ちょうけし）
夜の帳（よるのとばり）

帶

タイ
おび、お-びる
携帶（けいたい）
帶封（おびふう）

帯

康

コウ
名=やす
健康（けんこう）
小康（しょうこう）

庸

ヨウ
(意)つね、もちいる
凡庸（ぼんよう）
庸愚（ようぐ）

庶

ショ
(意)もろもろ
庶民（しょみん）
衆庶（しゅうしょ）

庶

崎

キ
さき
崎嶇（きく）
觀音崎（かんのんざき）

崇

スウ
あが-める
名=たか、たかし
崇拜（すうはい）
崇佛（すうぶつ）

崩

ホウ
くず-れる
崩壞（ほうかい）
山崩れ（やまくずれ）

崩

張

チョウ
は-る
擴張（かくちょう）
張り込む（はりこむ）

情

ジョウ、セイ
なさ-け
情實（じょうじつ）
情け深い（なさけぶかい）

情

惜

セキ
お-しい
惜別（せきべつ）
惜敗（せきはい）

悼

トウ
いた-む
追悼（ついとう）
悼辭（とうじ）

欲

ヨク
ほっ-する
ほ-しい
欲望（よくぼう）
食欲（しょくよく）

械

カイ
(意)しかけ
機械（きかい）
器械體操（きかいたいそう）

梢

ショウ
こずえ
末梢神經（まっしょうしんけい）
末梢的（まっしょうてき）

梢

梅

バイ
うめ
梅林（ばいりん）
青梅（あおうめ）

梅

荷

カ
に
荷擔（かたん）
荷札（にふだ）

荷

莊

ソウ、ショウ
(意)おごそか
別莊（べっそう）
莊園（しょうえん）

荘

莖

ケイ
くき
地下莖（ちかけい）
齒莖（はぐき）

茎

患

カン
わずら-う
急患（きゅうかん）
患者（かんじゃ）

悠

ユウ
(意)はるか
悠遠（ゆうえん）
悠久（ゆうきゅう）

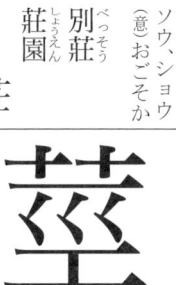

將
ショウ
まさ-に
將來（しょうらい）
大將（たいしょう）
将

逝
セイ
ゆ-く
逝去（せいきょ）
長逝（ちょうせい）
逝

造
ゾウ
つく-る
造營（ぞうえい）
寝殿造り（しんでんづく）
造

速
ソク
はや-い
すみ-やか
速達（そくたつ）
急速（きゅうそく）
速

逐
チク
お-う
逐語譯（ちくごやく）
放逐（ほうちく）
逐

通
ツウ、ツ
とお-る、かよ-う
通學（つうがく）
通り雨（とお　あめ）
通

途
ト
みち
途上（とじょう）
前途（ぜんと）
途

透
トウ
す-く、とお-る
透明（とうめい）
透き通る（す　とお）
透

連
レン
つら-なる
つ-れる
關連（かんれん）
道連れ（みちづ）
連

既
キ
すで-に
皆既月食（かいきげっしょく）
既刊（きかん）
既

球
キュウ
たま
球狀（きゅうじょう）
球團（きゅうだん）

現
ゲン
あらわ-れる
現實（げんじつ）
表現（ひょうげん）

理

リ
ことわり
眞理（しんり）
道理（どうり）

望

ボウ、モウ
のぞ-む
名＝もち
望鄕（ぼうきょう）
望月（もちづき）

望

脚

キャク、キャ
あし
健脚（けんきゃく）
脚氣（かっけ）

脱

ダツ
ぬ-ぐ
解脱（げだつ）
脱ぎ捨てる（ぬ・す）

脱

豚

トン
ぶた
豚兒（とんじ）
豚肉（ぶたにく）

朗

ロウ
ほが-らか
名＝あき
朗讀（ろうどく）
明朗（めいろう）

朗

啓

ケイ
(意)みちびく
もうす
啓發（けいはつ）
拜啓（はいけい）

啓

斜

シャ
なな-め
斜面（しゃめん）
ご機嫌斜め（きげんなな）

斜

敍

ジョ
(意)のべる
敍述（じょじゅつ）
敍勳（じょくん）

叙

晩

バン
(意)おそい
晩稻（ばんとう）
晩酌（ばんしゃく）

晩

曹

ソウ、ゾウ
(意)つかさ、なかま
法曹界（ほうそうかい）
曹長（そうちょう）

晟

セイ、ジョウ
名＝あきら、てる
晟（あきら）(名)

晟

救
キュウ
すく-う
救援（きゅうえん）
救い主（すくいぬし）

敎
キョウ
おし-える
おそ-わる
敎養（きょうよう）
敎え子（おしえご）
教

赦
シャ
ゆる-す
赦免狀（しゃめんじょう）
容赦（ようしゃ）

敕
チョク
みことのり
敕使（ちょくし）
詔敕（しょうちょく）
勅

敏
ビン
名＝とし
敏速（びんそく）
銳敏（えいびん）
敏

旋
セン
めぐ-る
旋轉（せんてん）
旋風（せんぷう）

族
ゾク
(意)やから
族稱（ぞくしょう）
遺族（いぞく）

殺
サツ、サイ、セツ
ころ-す
殺蟲劑（さっちゅうざい）
壓殺（あっさつ）
殺

窓
ソウ
まど
同窓會（どうそうかい）
窓口（まどぐち）

窒
チツ
(意)ふさがる
窒息（ちっそく）
窒素（ちっそ）

研
ケン
みが-く、と-ぐ
研究（けんきゅう）
研修（けんしゅう）
研

產
サン
う-む、うぶ
生產（せいさん）
產聲（うぶごえ）
産

祥
ショウ
名＝さち、よし
祥瑞（しょうずい）
吉祥（きっしょう）
祥

祭
サイ
まつ-る、まつり
祭神（さいじん）
大祭（たいさい）

略
リャク
ほぼ
略圖（りゃくず）
省略（しょうりゃく）

累
ルイ
かさ-ねる
累增（るいぞう）
累計（るいけい）

章
ショウ
名＝あき、あきら
文章（ぶんしょう）
章節（しょうせつ）
章

移
イ
うつ-る
移住（いじゅう）
轉移（てんい）

眼
ガン、ゲン
まなこ、め
近眼（きんがん）
眼鏡（めがね）

眺
チョウ
なが-める
眺望（ちょうぼう）
遠眺（えんちょう）

紺
コン
（意）こん色
紺青（こんじょう）
濃紺（のうこん）

細
サイ
ほそ-い、こま-かい
細胞（さいぼう）
細い腕（ほそいうで）

終
シュウ
お-わる
終始（しゅうし）
最終（さいしゅう）
終

紹
ショウ
（意）ひきあわせる
つぐ
紹繼（しょうけい）
紹述（しょうじゅつ）

紳
シン
紳士（しんし）
貴紳（きしん）

組
ソ
くーむ、くみ
組織（そしき）
組合（くみあい）

粗
ソ
あらーい
粗惡（そあく）
粗雜（そざつ）

粘
ネン
ねばーる
粘着（ねんちゃく）
粘り強い（ねばりづよい）

粒
リュウ
つぶ
微粒子（びりゅうし）
米粒（こめつぶ）

袋
タイ
ふくろ
風袋（ふうたい）
手袋（てぶくろ）

第
ダイ
(意)順序、ついで
及第（きゅうだい）
第三者（だいさんしゃ）

符
フ
(意)わりふ、しるし
符號（ふごう）
音符（おんぷ）

笛
テキ
ふえ
汽笛（きてき）
麥笛（むぎぶえ）

處
ショ
ところ
對處（たいしょ）
出處（でどころ）
処

票
ヒョウ
(意)ふだ
票決（ひょうけつ）
傳票（でんぴょう）

習
シュウ
ならーう
學習（がくしゅう）
手習い（てならい）
習

翌

ヨク
(意)あくるひ

翌朝(よくちょう)
翌日(よくじつ)

翌

船

セン
ふね、ふな

船醫(せんい)
船出(ふなで)

船

舶

ハク
(意)おおぶね

舶來品(はくらいひん)
船舶(せんぱく)

蛇

ジャ、ダ
へび

蛇紋(じゃもん)
縞蛇(しまへび)

敗

ハイ
やぶ-れる

敗退(はいたい)
大敗(たいはい)

販

ハン
(意)あきなう

販賣(はんばい)
市販(しはん)

貨

カ
(意)たから、商品

貨幣(かへい)
金貨(きんか)

貨

貫

カン
つらぬ-く

貫通(かんつう)
貫祿(かんろく)

責

セキ
せ-める

免責(めんせき)
責任(せきにん)

貧

ヒン、ビン
まず-しい

貧弱(ひんじゃく)
貧乏(びんぼう)

貧

軟

ナン
やわ-らか

軟弱(なんじゃく)
柔軟(じゅうなん)

許

キョ
ゆる-す

免許(めんきょ)
許容(きょよう)

訟

ショウ
(意)うったえる

訴訟(そしょう)
争訟(そうしょう)

訟

設

セツ
もう-ける

設營(せつえい)
假設(かせつ)

訪

ホウ
おとず-れる
たず-ねる

來訪(らいほう)
訪問(ほうもん)

規

キ
名=のり

會規(かいき)
規約(きやく)

雪

セツ
ゆき

雪辱(せつじょく)
雪國(ゆきぐに)

雪

釣

チョウ
つ-る

釣魚(ちょうぎょ)
釣り絲(つりいと)

釣

飢

キ
う-える

飢餓(きが)
飢え死に(うえじに)

飢

閉

ヘイ
と-じる、し-める

閉鎖(へいさ)
閉會(へいかい)

問

モン
と-う、とん

學問(がくもん)
問題(もんだい)

頂

チョウ
いただき

絕頂(ぜっちょう)
山の頂(やまのいただき)

麻

マ
あさ

麻醉(ますい)
麻布(あさぬの)(あざぶ)

麻

魚

ギョ
うお、さかな

魚類(ぎょるい)
魚市場(うおいちば)

鳥

チョウ
とり
鳥獸（ちょうじゅう）
水鳥（みずどり）

麥

バク
むぎ
麥芽（ばくが）
大麥（おおむぎ）

麦

執

シツ、シュウ
と-る
確執（かくしつ）
執權（しっけん）

野

ヤ
の
平野（へいや）
野宿（のじゅく）

十二畫

傑

ケツ
（意）すぐれる
傑作（けっさく）
豪傑（ごうけつ）

傑

備

ビ
そな-える
備考（びこう）
常備（じょうび）

傍

ボウ
かたわ-ら
傍觀（ぼうかん）
路傍（ろぼう）

博

ハク、バク
名＝ひろ、ひろし
博覽會（はくらんかい）
博學（はくがく）

博

勞

ロウ
いたわ-る
勞働（ろうどう）
勞しい（いたわしい）

労

傘

サン
かさ
落下傘（らっかさん）
日傘（ひがさ）

堯

ギョウ
名＝たかし
堯舜（ぎょうしゅん）
堯風（ぎょうふう）

尭

割

カツ
わり、わ-る
さ-く
分割（ぶんかつ）
割合（わりあい）

割

創

ソウ
きず、はじ-める
つく-る
創造（そうぞう）
銃創（じゅうそう）

剩

ジョウ
(意)あまる
剩餘（じょうよ）
過剩（かじょう）

剩

寒

カン
さむ-い
嚴寒（げんかん）
寒氣（さむけ）

寒

富

フ、フウ
と-む、とみ
富豪（ふごう）
豐富（ほうふ）

都

ト、ツ
みやこ
都合（つごう）
都鳥（みやこどり）

都

巽

ソン
たつみ
巽位（そんい）
巽懦（そんだ）

巽

媒

バイ
(意)なかだち
靈媒（れいばい）
媒介（ばいかい）

媛

エン
ひめ
才媛（さいえん）
愛媛縣（えひめけん）

媛

街

ガイ、カイ
まち
街燈（がいとう）
商店街（しょうてんがい）

御

ギョ、ゴ
おん、お、み
御機嫌（ごきげん）
御代（みよ）

循

ジュン
したが-う
循守（じゅんしゅ）
循環（じゅんかん）

復

フク

かえ-る、また

復習（ふくしゅう）

往復（おうふく）

喝

カツ

(意)しかる

喝采（かっさい）

一喝（いっかつ）

Small form: 喝

喚

カン

よ-ぶ

喚聲（かんせい）

召喚（しょうかん）

喫

キツ

(意)のむ、くう

喫茶店（きっさてん）

滿喫（まんきつ）

Small form: 喫

圍

イ

かこ-む

周圍（しゅうい）

板圍い（いたがこい）

Small form: 囲

喪

ソウ

も、うしな-う

喪失（そうしつ）

喪服（もふく）

單

タン

ひとえ

單獨（たんどく）

簡單（かんたん）

Small form: 単

猪

チョ

い、いのしし

猪突猛進（ちょとつもうしん）

猪口（ちょこ）

Small form: 猪

猶

ユウ

なお

猶豫（ゆうよ）

猶子（ゆうし）

Small form: 猶

猫

ビョウ

ねこ

愛猫（あいびょう）

猫舌（ねこじた）

Small form: 猫

階

カイ

きざはし

階級（かいきゅう）

階下（かいか）

隅

グウ

すみ

一隅（いちぐう）

片隅（かたすみ）

隊

タイ
(意)軍隊、むれ
兵隊（へいたい）
樂隊（がくたい）

隊

陽

ヨウ
ひ
陽氣（ようき）
太陽（たいよう）

隆

リュウ
名＝たか、たかし
隆盛（りゅうせい）
興隆（こうりゅう）

隆

喜

キ
よろこ-ぶ
名＝のぶ、よし
喜色滿面（きしょくまんめん）
大喜び（おおよろこび）

壹

イチ、イツ
ひと-つ
名＝かず
金壹萬圓也（きんいちまんえんなり）

壱

渦

カ
うず
戰渦（せんか）
渦潮（うずしお）

渇

カツ
かわ-く
渇望（かつぼう）
飢渇（きかつ）

渇

減

ゲン
へ-る
減退（げんたい）
節減（せつげん）

湖

コ
みずうみ
湖畔（こはん）
富士五湖（ふじごこ）

港

コウ
みなと
港灣（こうわん）
港區（みなとく）

港

渚

ショ
なぎさ
渚岸（しょがん）
汀渚（ていしょ）

渚

測

ソク
はか-る
觀測（かんそく）
推測（すいそく）

渡

ト
わた-る
讓渡（じょうと）
渡し船（わたしぶね）

湯

トウ
ゆ
熱湯（ねっとう）
湯殿（ゆどの）

湧

ユウ
わ-く
湧出（ゆうしゅつ）
湧き水（わきみず）

湧

貳

ニ、ジ
金貳萬圓也（きんにまんえんなり）
貳臣（じしん）

弍

尋

ジン
たず-ねる、ひろ
尋常（じんじょう）
尋ね人（たずねびと）

尋

尊

ソン
とうと-い
たっと-い、みこと
尊敬（そんけい）
尊嚴（そんげん）

尊

壻

セイ
むこ
女壻（じょせい）
壻養子（むこようし）

婿

堪

カン、タン
た-える
こら-える
堪忍（かんにん）
堪能（たんのう）

場

ジョウ
ば
會場（かいじょう）
場所（ばしょ）

堤

テイ
つつみ
突堤（とってい）
防波堤（ぼうはてい）

堅

ケン
かた-い
堅實（けんじつ）
手堅い（てがたい）

報

ホウ
むく-いる
しら-せる
報告（ほうこく）
通報（つうほう）

握
アク
にぎ-る
掌握（しょうあく）
握り飯（にぎりめし）

援
エン
たす-ける
援助（えんじょ）
應援（おうえん）
援

換
カン
か-える
換氣（かんき）
轉換（てんかん）

揮
キ
ふる-う
發揮（はっき）
腕を揮う（うでをふるう）

提
テイ、ダイ
さ-げる
前提（ぜんてい）
菩提樹（ぼだいじゅ）

揭
ケイ
かか-げる
揭示（けいじ）
前揭（ぜんけい）
掲

插
ソウ
さ-す
插話（そうわ）
插し木（さしき）
挿

描
ビョウ
えが-く
描寫（びょうしゃ）
點描（てんびょう）
描

揚
ヨウ
あ-げる
揭揚（けいよう）
揚げ物（あげもの）

幅
フク
はば
全幅（ぜんぷく）
大幅（おおはば）

帽
ボウ
（意）ぼうし
帽子（ぼうし）
脫帽（だつぼう）
帽

就
シュウ、ジュ
つ-く
就學（しゅうがく）
成就（じょうじゅ）

强

キョウ、ゴウ
つよ-い、し-いる

强制（きょうせい）
根强い（ねづよい）

強

惰

ダ
（意）おこたる

惰性（だせい）
怠惰（たいだ）

惱

ノウ
なや-む

煩惱（ぼんのう）
惱みの種（なやみのたね）

悩

愉

ユ
たの-しい

愉悅（ゆえつ）
愉樂（ゆらく）

愉

殘

ザン
のこ-る

殘暑（ざんしょ）
殘り物（のこりもの）

残

殖

ショク
ふ-える、

殖産（しょくさん）
繁殖（はんしょく）

款

カン

約款（やっかん）
款待（かんたい）

欺

ギ
あざむ-く

欺瞞（ぎまん）
詐欺（さぎ）

幾

キ
いく
名=ちか、ちかし

幾何學（きかがく）
幾多（いくた）

幾

裁

サイ
た-つ、さば-く

裁判（さいばん）
裁ち物（たちもの）

惑

ワク
まど-う

迷惑（めいわく）
惑星（わくせい）

棺

カン
（意）ひつぎ

納棺（のうかん）
棺桶（かんおけ）

棋
キ
(意)将棋、碁
棋譜（きふ）
将棋（しょうぎ）

極
キョク、ゴク
きわ-める
極意（ごくい）
極めて（きわ）

棧
サン、セン
(意)かけはし
棧橋（さんばし）
棧道（さんどう）
桟

植
ショク
う-える
植物（しょくぶつ）
植え込み（う・こ）

棟
トウ
むね、むな
棟梁（とうりょう）
別棟（べつむね）

棒
ボウ
鐵棒（てつぼう）
相棒（あいぼう）

棚
ホウ
たな
戸棚（とだな）
本棚（ほんだな）
棚

森
シン
もり
森羅萬象（しんらばんしょう）
青森縣（あおもりけん）

萎
イ
な-える
萎縮（いしゅく）
萎

華
カ、ケ、ゲ
はな
蓮華（れんげ）
華やか（はな）
華

菓
カ
(意)かし
菓子（かし）
茶菓（さか）
菓

菊
キク
菊判（きくばん）
野菊（のぎく）
菊

菌

キン
(意)きのこ、かび

菌類(きんるい)
殺菌(さっきん)

→ 菌

棻

サイ
な

棻園(さいえん)
小松棻(こまつな)

→ 菜

悲

ヒ
かな-しい

慈悲(じひ)
悲哀(ひあい)

惡

アク、オ
わる-い

惡人(あくにん)
嫌惡(けんお)

→ 悪

惠

ケイ、エ
めぐ-む

恩惠(おんけい)
惠方(えほう)

→ 恵

逸

イツ
名=はや

逸脫(いつだつ)
秀逸(しゅういつ)

→ 逸

週

シュウ
(意)めぐる

來週(らいしゅう)
週間(しゅうかん)

→ 週

進

シン
すす-む

進呈(しんてい)
躍進(やくしん)

→ 進

逮

タイ
(意)およぶ、追う

逮捕(たいほ)
逮夜(たいや)

→ 逮

琢

タク
(意)みがく

切磋琢磨(せっさたくま)
琢玉(たくぎょく)

→ 琢

琴

キン
こと

彈琴(だんきん)
琴爪(ことづめ)

勝

ショウ
か-つ、まさ-る

勝利(しょうり)
勝ち氣(かちき)

→ 勝

脹

チョウ
ふく-れる
は-れる
脹満（ちょうまん）
膨脹（ぼうちょう）

腕

ワン
うで、かいな
腕白（わんぱく）
腕輪（うでわ）

期

キ、ゴ
學期（がっき）
末期の水（まつごのみず）
期

朝

チョウ
あさ、あした
名=とも
朝食（ちょうしょく）
朝寝（あさね）
朝

掌

ショウ
(意)てのひら
合掌（がっしょう）
掌中の珠（しょうちゅうのたま）

雇

コ
やと-う
雇用（こよう）
解雇（かいこ）
雇

扉

ヒ
とびら
鐵扉（てっぴ）
扉繪（とびらえ）
扉

晴

セイ
は-れる
晴天（せいてん）
秋晴れ（あきばれ）
晴

景

ケイ、キョウ
かげ
景氣（けいき）
絕景（ぜっけい）

最

サイ
もっと-も、も
最高（さいこう）
最中（もなか）

量

リョウ
はか-る
器量（きりょう）
數量（すうりょう）

晶

ショウ
名=あき、あきら
水晶（すいしょう）
結晶（けっしょう）

替

タイ
か-える、かえ
交替（こうたい）
兩替（りょうがえ）

曾

ソウ、ゾ
曾祖父（そうそふ）
未曾有（みぞう）
曽

普

フ
あまね-し
名=ひろ、ひろし
普及（ふきゅう）
普遍（ふへん）

舜

シュン
舜華（しゅんか）
堯舜の世（ぎょうしゅんのよ）
舜

爲

イ
な-す、ため
爲政者（いせいしゃ）
行爲（こうい）
為

敢

カン
あ-えて
勇敢（ゆうかん）
敢然（かんぜん）

散

サン
ち-る
散亂（さんらん）
散らし書き（ちらしがき）

焦

ショウ
こ-げる、あせ-る
じ-らす
焦點（しょうてん）
焦げ臭い（こげくさい）

無

ブ、ム
な-い
無事（ぶじ）
一文無し（いちもんなし）

殼

カク
から
地殼（ちかく）
貝殼（かいがら）
殻

買

バイ
か-う
購買（こうばい）
買い物（かいもの）

硬

コウ
かた-い
强硬（きょうこう）
硬化（こうか）
硬

硝

ショウ
(意)鉱物の名
硝煙(しょうえん)
硝子(ガラス)

硝

硫

リュウ
(意)いおう
硫酸(りゅうさん)
硫安(りゅうあん)

補

ホ
おぎな-う
補缺(ほけつ)
補い(おぎない)

裕

ユウ
ゆた-か
名＝ひろ、ひろし
裕福(ゆうふく)
餘裕(よゆう)

盛

セイ、ジョウ
も-る、さか-り
繁盛(はんじょう)
山盛り(やまもり)

盛

盜

トウ
ぬす-む
强盜(ごうとう)
盜み聞き(ぬすみぎき)

盗

視

シ
み-る
視線(しせん)
注視(ちゅうし)

視

皓

コウ
しろ-い
名＝あきら
皓齒(こうし)
皓然(こうぜん)

皓

異

イ
こと、こと-なる
異國(いこく)
變異(へんい)

異

畫

ガ、カク
えが-く
畫家(がか)
計畫(けいかく)

画

童

ドウ
わらべ
兒童(じどう)
童歌(わらべうた)

童

程

テイ
ほど
程度(ていど)
程程(ほどほど)

程

稅

ゼイ
名=ちから

免税（めんぜい）
税金（ぜいきん）

税

登

トウ、ト
のぼ-る

登録（とうろく）
木登り（きのぼり）

發

ハツ、ホツ

發達（はったつ）
發端（ほったん）

発

疎

ソ
うと-い、まば-ら
おろそ-か

疎遠（そえん）
世事に疎い（せじ・うと）

短

タン
みじか-い

短歌（たんか）
氣短（きみじか）

痛

ツウ
いた-む

苦痛（くつう）
耳が痛い（みみ・いた）

痘

トウ
（意）ほうそう

痘瘡（とうそう）
天然痘（てんねんとう）

痢

リ
（意）はらくだし

赤痢（せきり）
疫痢（えきり）

給

キュウ
たま-う

給與（きゅうよ）
受給（じゅきゅう）

結

ケツ
むす-ぶ、ゆ-う

結團（けつだん）
妥結（だけつ）

絞

コウ
しぼ-る、し-める

絞殺（こうさつ）
絞り染め（しぼ・ぞ）

絞

絶

ゼツ
た-える

絶對（ぜったい）
途絶える（とだ）

絶

統

トウ
す-べる
名=おさむ
傳統（でんとう）
大統領（だいとうりょう）

粧

ショウ
よそお-う
化粧（けしょう）
化粧品（けしょうひん）

等

トウ
ひと-しい
ら、など
等分（とうぶん）
平等（びょうどう）

絡

ラク
から-む
連絡（れんらく）
絡み付く（からみつく）

裂

レツ
さ-く
分裂（ぶんれつ）
裂け目（さけめ）

答

トウ
こた-える
こたえ
答辭（とうじ）
口答え（くちごたえ）

絲

シ
いと
蠶絲（さんし）
絹絲（きぬいと）
糸

筋

キン
すじ
鐵筋（てっきん）
筋道（すじみち）

筒

トウ
つつ
水筒（すいとう）
筒音（つつおと）

紫

シ
むらさき
紫紺（しこん）
紫色（むらさきいろ）

策

サク
（意）はかりごと
對策（たいさく）
策略（さくりゃく）

筆

ヒツ
ふで
鉛筆（えんぴつ）
筆太（ふでぶと）

衆
シュウ、シュ
(意)おおい
衆評（しゅうひょう）
聴衆（ちょうしゅう）

虚
キョ、コ
むな-しい
虚榮（きょえい）
虚空（こくう）
虛

翔
ショウ
か-ける、と-ぶ
翔集（しょうしゅう）
飛翔（ひしょう）
翔

善
ゼン
よ-い
善意（ぜんい）
改善（かいぜん）

着
チャク、ジャク
き-る、つ-く
到着（とうちゃく）
着物（きもの）

距
キョ
へだ-てる
距離（きょり）
川を距てる（かわをへだてる）
距

象
ショウ、ゾウ
かたど-る
象徴（しょうちょう）
象牙（ぞうげ）

貯
チョ
たくわ-える
貯蓄（ちょちく）
貯え（たくわえ）

賀
ガ
名＝よし
(意)よろこぶ
祝賀（しゅくが）
賀状（がじょう）

貴
キ
とうと-い、たっと-い
名＝たか、たかし
貴公子（きこうし）
貴婦人（きふじん）

貸
タイ
か-す、かし
貸與（たいよ）
貸本（かしほん）

費
ヒ
つい-やす
消費（しょうひ）
費やす（ついやす）

貿
ボウ
(意)かえる
貿易（ぼうえき）

軸
ジク
(意)しんぼう
樞軸（すうじく）
掛け軸（かけじく）

詠
エイ
よ-む
(意)うたう
詠嘆（えいたん）
朗詠（ろうえい）

詐
サ
いつわ-る
詐稱（さしょう）
詐術（さじゅつ）

詞
シ
ことば
歌詞（かし）
枕詞（まくらことば）

詔
ショウ
みことのり
詔敕（しょうちょく）
大詔（たいしょう）

診
シン
み-る
診斷（しんだん）
檢診（けんしん）

訴
ソ
うった-える
訴訟（そしょう）
告訴（こくそ）

評
ヒョウ
評判（ひょうばん）
批評（ひひょう）
評

酢
サク
す
酢酸（さくさん）
三杯酢（さんばいず）

番
バン
つがい、つが-う
番號（ばんごう）
當番（とうばん）

越
エツ
こ-す、こ-える
越冬（えっとう）
引っ越す（ひっこす）

超
チョウ
こ-える、こ-す
超過（ちょうか）
超人（ちょうじん）

雲
ウン
くも
雲海（うんかい）
雲隠れ（くもがくれ）

雰
フン
雰圍氣（ふんいき）
雰

鈍
ドン
にぶ-い、のろ-い
鈍感（どんかん）
鈍る（にぶる）

雅
ガ
みやび-やか
名＝まさ
雅號（がごう）
雅樂（ががく）
雅

雄
ユウ
お、おす
名＝たけし
雄大（ゆうだい）
雄花（おばな）

集
シュウ、ジュウ
あつ-まる
つど-う
集團（しゅうだん）
採集（さいしゅう）

開
カイ
ひら-く、あ-ける
公開（こうかい）
開き戸（ひらきど）

間
カン、ケン
あいだ、ま
間隔（かんかく）
間近（まぢか）
間

閑
カン
ひま
閑靜（かんせい）
繁閑（はんかん）

項
コウ
うなじ
要項（ようこう）
項目（こうもく）

順
ジュン
したが-う
從順（じゅうじゅん）
順序（じゅんじょ）

黄

コウ、オウ
き、こ

黄河（こうが）
黄色（きいろ）

黄

黒

コク
くろ、くろ-い

暗黒（あんこく）
黒豆（くろまめ）

黒

十三畫

債

サイ
(意)借り

債券（さいけん）
負債（ふさい）

催

サイ
もよお-す

主催（しゅさい）
催し物（もよおしもの）

傾

ケイ
かたむ-く

傾斜（けいしゃ）
月が傾く（つきがかたむく）

傷

ショウ
きず、いた-む

傷害（しょうがい）
傷つく（きずつく）

傳

デン
つた-える
つた-わる

傳統（でんとう）
口傳え（くちづたえ）

伝

働

【国字】
ドウ
はたら-く

實働（じつどう）
働き者（はたらきもの）

勤

キン、ゴン
つと-める

勤勞（きんろう）
勤行（ごんぎょう）

勤

勢
セイ
いきお-い
情勢(じょうせい)
勢い込む(いきお・こ)

裏
リ
うら
表裏(ひょうり)
裏側(うらがわ)

與
ヨ
あた-える
與黨(よとう)
天の與え(てん・あた)

与

會
カイ、エ
あ-う
會員(かいいん)
會釋(えしゃく)

会

鄉
キョウ、ゴウ
さと
(意)ふるさと
鄉土(きょうど)
水鄉(すいごう)

郷

嫁
カ
よめ、とつ-ぐ
降嫁(こうか)
花嫁(はなよめ)

嫌
ケン、ゲン
きら-う、いや
嫌惡(けんお)
機嫌(きげん)

嫌

微
ビ
かす-か
輕微(けいび)
微笑(びしょう)

微

園
エン、オン
その
園藝(えんげい)
花園(はなぞの)

圓
エン
まる、まる-い
名＝つぶら
圓缺(えんけつ)
圓暢(えんちょう)

円

嗣
シ
つ-ぐ
名＝つぎ
繼嗣(けいし)
嗣子(しし)

猿
エン
さる
野猿(やえん)
猿知恵(さるぢえ)

隔

カク
へだ-てる
隔絶（かくぜつ）
隔たり（へだ）

隔

溫

オン
あたた-かい、ぬく-い
名＝あつ、よし
溫厚（おんこう）
氣溫（きおん）

温

滑

カツ、コツ
なめ-らか
すべ-る
圓滑（えんかつ）
滑り臺（すべだい）

源

ゲン
みなもと
源泉（げんせん）
根源（こんげん）

溝

コウ
みぞ
排水溝（はいすいこう）
溝板（みぞいた）

溝

滋

ジ
名＝しげ、しげる
滋養（じよう）
滋賀縣（しがけん）

滋

溶

ヨウ
と-ける
溶解（ようかい）
水に溶ける（みず と）

溪

ケイ
たに
溪谷（けいこく）
雪溪（せっけい）

渓

滅

メツ
ほろ-びる
滅亡（めつぼう）
國が滅びる（くに ほろ）

準

ジュン、シュン
なぞら-える
準急（じゅんきゅう）
標準（ひょうじゅん）

奧

オウ
おく
奧祕（おうひ）
奧義（おうぎ）

奥

當

トウ
あ-たる
當選（とうせん）
當たる（あ）

当

塊

カイ
かたまり
(意)つちくれ
塊土(かいど)
石塊(せっかい)

塚

チョウ
つか
(意)墓、もりつち
寶塚(たからづか)
貝塚(かいづか)

塚

塔

トウ
五重塔(ごじゅうのとう)
鐵塔(てっとう)

塔

塑

ソ
(意)土を削って作った人形
彫塑(ちょうそ)
塑像(そぞう)

塑

塗

ト
ぬ-る
塗装(とそう)
塗り物(ぬりもの)

攜

ケイ
たずさ-える
携帯(けいたい)
提携(ていけい)

搾

サク
しぼ-る
壓搾(あっさく)
乳搾り(ちちしぼり)

搜

ソウ
さが-す
家宅搜索(かたくそうさく)
搜査(そうさ)

捜

損

ソン
そこ-なう
損害(そんがい)
損益(そんえき)

搭

トウ
(意)のる、のせる
搭乗(とうじょう)
搭載(とうさい)

搭

搬

ハン
(意)はこぶ
搬入(はんにゅう)
運搬(うんぱん)

搖

ヨウ
ゆ-れる
搖籃(ようらん)
動搖(どうよう)

揺

幹
カン
みき
幹事（かんじ）
木（き）の幹（みき）

廉
レン
清廉潔白（せいれんけっぱく）
廉恥（れんち）
廉

廊
ロウ
（意）ろうか
廊下（ろうか）
畫廊（がろう）
廊

慌
コウ
あわ-てる
恐慌（きょうこう）
慌

愼
シン
つつし-む
愼重（しんちょう）
謹愼（きんしん）
慎

感
カン
（意）心が動く
實感（じっかん）
感謝（かんしゃ）

歲
セイ、サイ
とし
歲暮（せいぼ）
歲末（さいまつ）
歳

載
サイ
の-せる
掲載（けいさい）
載（の）せる

椶
シュ、ソウ
椶櫚縄（しゅろなわ）
椶櫚（しゅろ）
棕

棄
キ
す-てる
棄權（きけん）
自暴自棄（じぼうじき）

業
ギョウ、ゴウ
わざ
名=なり
業務（ぎょうむ）
神業（かみわざ）

新
シン
あら-た、にい
あたら-しい
革新（かくしん）
新手（あらて）
新

葛

カツ
くず

葛藤（かっとう）
葛湯（くずゆ）

葛

葬

ソウ
ほうむ-る

葬儀（そうぎ）
闇に葬る（やみにほうむる）

葬

著

チョ
あらわ-す
いちじる-しい

著者（ちょしゃ）
顯著（けんちょ）

著

募

ボ
つの-る

應募（おうぼ）
募金（ぼきん）

募

葉

ヨウ
は

葉綠素（ようりょくそ）
青葉（あおば）

葉

落

ラク
お-ちる

沒落（ぼつらく）
氣落ち（きおち）

落

萬

マン、バン
よろず

萬里長城（ばんりのちょうじょう）

万

意

イ
(意)心、おもう

意見（いけん）
注意（ちゅうい）

意

愚

グ
おろ-か

愚痴（ぐち）
愚か者（おろかもの）

愁

シュウ
うれ-い、うれ-える

旅愁（りょしゅう）
愁色（しゅうしょく）

想

ソウ、ソ
おも-う

空想（くうそう）
理想（りそう）

裝

ショウ、ソウ
よそお-う

裝束（しょうぞく）
輕裝（けいそう）

装

違

イ
ちが-う、たが-える
違反（いはん）
人違い（ひとちがい）

違

運

ウン
はこ-ぶ
運轉（うんてん）
運ぶ（はこぶ）

運

過

カ
す-ぎる、あやま-ち
經過（けいか）
食べ過ぎ（たべすぎ）

過

遇

グウ
あ-う
(意)たまたま
遭遇（そうぐう）
奇遇（きぐう）

遇

遂

スイ
と-げる、つい-に
遂行（すいこう）
未遂（みすい）

遂

達

タツ、ダチ
通達（つうたつ）
先達（せんだち）

達

道

ドウ、トウ
みち
道路（どうろ）
坂道（さかみち）

道

遍

ヘン
あまね-く
遍歴（へんれき）
普遍（ふへん）

遍

遊

ユウ、ユ
あそ-ぶ
遊戲（ゆうぎ）
水遊び（みずあそび）

遊

聖

セイ、ショウ
ひじり
名＝さとし
聖人（せいじん）
高野聖（こうやひじり）

聖

腰

ヨウ
こし
腰痛（ようつう）
弱腰（よわごし）

腰

腸

チョウ
はらわた
腸壁（ちょうへき）
斷腸（だんちょう）

腸

腦

ノウ

腦天（のうてん）

頭腦（ずのう）

脳

腹

フク

はら

空腹（くうふく）

腹（はら）を立（た）てる

暗

アン

くら-い

暗黒（あんこく）

眞（ま）っ暗（くら）

暗

暇

カ

ひま

餘暇（よか）

暇（ひま）つぶし

暖

ダン

あたた-かい

暖房（だんぼう）

溫暖（おんだん）

暖

暑

ショ

あつ-い

殘暑（ざんしょ）

蒸（む）し暑（あつ）い

暑

愛

アイ

め-でる、いと-しい

名＝めぐみ、ちか

愛情（あいじょう）

親愛（しんあい）

亂

ラン

みだ-れる

混亂（こんらん）

亂（みだ）れ髮（がみ）

乱

敬

ケイ、キョウ

うやま-う

名＝たか、たかし

尊敬（そんけい）

敬語（けいご）

敬

煙

エン

けむ-る、けむり

煙突（えんとつ）

喫煙（きつえん）

煙

煩

ハン、ボン

わずら-わしい

煩雜（はんざつ）

煩惱（ぼんのう）

煮

シャ

に-る

煮沸（しゃふつ）

煮物（にもの）

煮

照

ショウ
て-る
對照（たいしょう）
照應（しょうおう）

殿

デン、テン
との、どの
拜殿（はいでん）
殿樣（とのさま）

罪

ザイ
つみ
罪惡（ざいあく）
罪深（つみぶか）い

置

チ
お-く
處置（しょち）
置（お）き物（もの）

碎

サイ
くだ-く
粉骨碎身（ふんこつさいしん）
碎（くだ）け米（まい）
砕

碑

ヒ
いしぶみ
碑文（ひぶん）
記念碑（きねんひ）
碑

碁

ゴ
圍碁（いご）
碁盤（ごばん）

甁

ビン、ヘイ
かめ
土甁（どびん）
水甁（みずがめ）
瓶

裸

ラ
はだか
裸體（らたい）
裸麥（はだかむぎ）

盟

メイ
ちかい、ちか-う
盟約（めいやく）
連盟（れんめい）
盟

祿

ロク
(意)さいわい
祿米（ろくまい）
福祿壽（ふくろくじゅ）
禄

禁

キン
(意)さしとめる
禁斷（きんだん）
解禁（かいきん）

靖

セイ
名＝やす、やすし
靖寧（せいねい）
靖國神社（やすくにじんじゃ）
靖

睡

スイ
(意)ねむる
睡眠（すいみん）
昏睡（こんすい）

督

トク
(意)みる、ただす
督勵（とくれい）
監督（かんとく）

稚

チ
(意)おさない
名＝わか、のり
稚兒（ちご）
幼稚園（ようちえん）

絹

ケン
きぬ
絹布（けんぷ）
絹地（きぬじ）

經

ケイ、キョウ
へ-る
神經（しんけい）
經文（きょうもん）
経

虞

グ
おそれ
虞美人草（ぐびじんそう）
憂虞（ゆうぐ）
虞

虜

リョ
とりこ
虜囚（りょしゅう）
捕虜（ほりょ）
虜

號

ゴウ
(意)さけぶ
號令（ごうれい）
番號（ばんごう）
号

義

ギ
よし
義務（ぎむ）
義經袴（よしつねばかま）

群

グン
むら-がる
む-れる
拔群（ばつぐん）
群雀（むらすずめ）

肅

シュク
(意)つつしむ
靜肅（せいしゅく）
嚴肅（げんしゅく）
粛

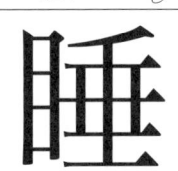

# 艇 テイ (意)細長い小舟 艇身（ていしん） 短艇（たんてい） 艇	# 賊 ゾク そこな-う (意)ぬすびと 盗賊（とうぞく） 海賊（かいぞく） 賊	# 較 カク、コウ くら-べる 比較（ひかく） 大較（たいこう） 較
# 跡 セキ あと 遺跡（いせき） 跡繼ぎ（あとつぎ）	# 賄 ワイ まかな-う 贈賄（ぞうわい） 賄う（まかなう）	# 該 ガイ 該當（がいとう） 該博（がいはく）
# 跳 チョウ は-ねる、と-ぶ 跳躍（ちょうやく） 棒高跳び（ぼうたかとび）	# 資 シ 名=もと、すけ 資本（しほん） 學資（がくし） 資	# 詰 キツ つ-める 難詰（なんきつ） 詰問（きつもん）
# 路 ロ じ、みち 路傍（ろぼう） 旅路（たびじ）	# 賃 チン (意)仕事に対する支払の金 賃金（ちんぎん） 運賃（うんちん）	# 詮 セン 詮索（せんさく） 所詮（しょせん） 詮

誇

コ
ほこ-る
誇張（こちょう）
誇大妄想（こだいもうそう）

詩

シ
名＝うた
譯詩（やくし）
詩集（ししゅう）

試

シ
こころ-みる
ため-す
試驗（しけん）
試寫會（ししゃかい）

詳

ショウ
くわ-しい
詳述（しょうじゅつ）
未詳（みしょう）

話

ワ
はな-す、はなし
會話（かいわ）
話し合う（はなしあう）

酬

シュウ
むく-いる
酬德（しゅうとく）
獻酬（けんしゅう）

酪

ラク
(意)乳を酸化させた飲料、乳汁
酪農（らくのう）
乳酪（にゅうらく）

農

ノウ
(意)農業
農產物（のうさんぶつ）
勞農（ろうのう）

解

カイ、ゲ
と-く
解散（かいさん）
解熱劑（げねつざい）

電

デン
(意)いなずま
電車（でんしゃ）
感電（かんでん）

雷

ライ
かみなり
雷雨（らいう）
雷樣（かみなりさま）

零

レイ
(意)おちる、ゼロ
零下（れいか）
零細（れいさい）

鉛

エン
なまり
亞鉛（あえん）
鉛色（なまりいろ）

鉛

鉢

ハチ、ハツ
（意）僧侶の食器
わん
乳鉢（にゅうばち）
托鉢（たくはつ）

鈴

レイ、リン
すず
風鈴（ふうりん）
鈴蟲（すずむし）

飲

イン
の－む
飲食（いんしょく）
飲み物（のみもの）

飲

飯

ハン
めし
赤飯（せきはん）
飯粒（めしつぶ）

飯

頑

ガン
かたく－な
頑强（がんきょう）
頑健（がんけん）

頑

頒

ハン
（意）わける
頒價（はんか）
頒布（はんぷ）

頒

預

ヨ
あず－ける
預金（よきん）
預ける（あずける）

靴

カ
くつ
隔靴搔痒（かっかそうよう）
靴下（くつした）

靴

鼓

コ
つづみ
鼓笛隊（こてきたい）
舌鼓（したつづみ）

十四畫

僞

ギ
にせ、いつわ-る
虚僞（きょぎ）
僞善（ぎぜん）
偽

僧

ソウ
(意)僧侶
僧侶（そうりょ）
小僧（こぞう）
僧

像

ゾウ
(意)かたち
佛像（ぶつぞう）
想像（そうぞう）

僕

ボク
しもべ
僕婢（ぼくひ）
公僕（こうぼく）

僚

リョウ
(意)ともがら、役人
僚友（りょうゆう）
官僚（かんりょう）

豪

ゴウ
名＝たけ、たけし
つよし
豪氣（ごうき）
文豪（ぶんごう）

齊

セイ、サイ
ひと-しい
齊唱（せいしょう）
一齊（いっせい）
斉

寡

カ
(意)すくない
寡默（かもく）
衆寡（しゅうか）

察

サツ
(意)みる
視察（しさつ）
察知（さっち）

寢

シン
ね-る
寢室（しんしつ）
寢息（ねいき）
寝

寧

ネイ
名＝やす
寧歲（ねいさい）
丁寧（ていねい）
寧

賓

ヒン
(意)まろうど
賓客（ひんきゃく）
來賓（らいひん）

賓

實

ジツ
み、みの-る
名=さね
實用（じつよう）
柿（かき）の實（み）

実

嫡

チャク
(意)よつぎ
廢嫡（はいちゃく）
嫡出（ちゃくしゅつ）

嫡

嘆

タン
なげ-く
嘆願（たんがん）
悲嘆（ひたん）

嘆

鳴

メイ
な-く
共鳴（きょうめい）
鐘（かね）が鳴（な）る

團

ダン、トン
團體（だんたい）
蒲團（ふとん）

団

圖

ズ、ト
はか-る
圖案（ずあん）
意圖（いと）

図

獄

ゴク
ひとや
獄舎（ごくしゃ）
地獄（じごく）

際

サイ
きわ
際限（さいげん）
窓際（まどぎわ）

障

ショウ
さわ-る
障子（しょうじ）
保障（ほしょう）

障

壽

ジュ、ス
ことぶき
名=ひさ、ひさし、とし
壽命（じゅみょう）
米壽（べいじゅ）

寿

臺

ダイ、タイ
臺所（だいどころ）
舞臺（ぶたい）

台

演
エン
(意)のべる
演説(えんぜつ)
講演(こうえん)

漢
カン
(意)おとこ　中国
漢字(かんじ)
惡漢(あっかん)
漢

漁
ギョ、リョウ
あさ-る、いさり
漁師(りょうし)
古本(ふるほん)を漁(あさ)る

漆
シツ
うるし
漆黒(しっこく)
漆細工(うるしざいく)

漸
ゼン
ようや-く
漸次(ぜんじ)
漸進(ぜんしん)

滯
タイ
とどこお-る
滯在(たいざい)
停滯(ていたい)
滞

漬
シ
つ-ける
漬(つ)け物(もの)
一夜漬(いちやづけ)

滴
テキ
したた-る、しずく
一滴(いってき)
水(みず)が滴(したた)る
滴

漠
バク
(意)水のない所
漠然(ばくぜん)
砂漠(さばく)
漠

漂
ヒョウ
ただよ-う
漂白(ひょうはく)
風(かぜ)に漂(ただよ)う

滿
マン
み-ちる
名=みつる
圓滿(えんまん)
滿(み)ち潮(しお)
満

漫
マン
そぞ-ろ
漫遊(まんゆう)
漫(そぞ)ろ歩(ある)き

漏

ロウ
も-る
漏電（ろうでん）
雨漏り（あまもり）

彰

ショウ
名＝あき、あきら
彰義隊（しょうぎたい）
顕彰（けんしょう）

彰

奨

ショウ
すす-める
奨励（しょうれい）
勧奨（かんしょう）

奨

境

キョウ、ケイ
さかい
境遇（きょうぐう）
境内（けいだい）

境

塀

【国字】
ヘイ
土塀（どべい）

塀

塾

ジュク
(意)まなびや
塾長（じゅくちょう）
私塾（しじゅく）

摘

テキ
つ-む
摘要（てきよう）
茶摘み（ちゃつみ）

摘

腐

フ
くさ-る
腐食（ふしょく）
腐れ縁（くされえん）

慨

ガイ
(意)なげく
悲憤慷慨（ひふんこうがい）
慨嘆（がいたん）

慨

慣

カン
な-れる
習慣（しゅうかん）
慣用（かんよう）

慢

マン
(意)おごる
おこたる
緩慢（かんまん）
慢性（まんせい）

惨

サン、ザン
むご-い
みじ-め
惨事（さんじ）
悲惨（ひさん）

惨

歌

カ
うた、うた-う
校歌（こうか）
歌聲（うたごえ）
歌

構

コウ
かま-える
構造（こうぞう）
家構え（いえがまえ）
構

槇

シン、テン
まき
柏槇（びゃくしん）
槇皮（まいはだ）
槙

榮

エイ
さか-える
は-える
榮光（えいこう）
見榮え（みばえ）
栄

慈

ジ
いつく-しむ
慈善（じぜん）
仁慈（じんじ）
慈

蓋

ガイ
ふた
頭蓋骨（ずがいこつ）
火蓋（ひぶた）
蓋

蒸

ジョウ
む-す
蒸發（じょうはつ）
蒸し返す（むしかえす）
蒸

蓄

チク
たくわ-える
蓄音機（ちくおんき）
蓄積（ちくせき）
蓄

墓

ボ
はか
墳墓（ふんぼ）
墓參り（はかまいり）
墓

幕

マク、バク
開幕（かいまく）
幕府（ばくふ）
幕

夢

ム
ゆめ
夢想（むそう）
正夢（まさゆめ）
夢

態

タイ
わざ-と
(意)さま、すがた
態度（たいど）
狀態（じょうたい）
態

遠

エン、オン
とお-い
遠慮（えんりょ）
遠乗り（とおの）
遠

遣

ケン
つか-わす、や-る
派遣（はけん）
小遣銭（こづかいせん）
遣

遞

てい
(意)かわるがわる
遞信（ていしん）
遞送（ていそう）
逓

遙

ヨウ
はる-か
遙拝（ようはい）
遙か（はる）
遥

對

タイ、ツイ
(意)むかう、つい
對談（たいだん）
對句（ついく）
対

奪

ダツ
うば-う
奪回（だっかい）
奪い取る（うば・と）

旗

キ
はた
國旗（こっき）
旗竿（はたざお）

署

ショ
(意)しるす、役所
署名（しょめい）
税務署（ぜいむしょ）
署

罰

バツ、バチ
罰則（ばっそく）
賞罰（しょうばつ）

褐

カツ
(意)黒ずんだ茶色
褐鐵鑛（かってっこう）
褐色（かっしょく）
褐

複

フク
(意)かさねる
複雑（ふくざつ）
複數（ふくすう）

盡

ジン
つ-くす、つ-きる
盡力（じんりょく）
運の盡き（うん・つ）
尽

禍

カ
わざわい
禍福（かふく）
奇禍（きか）
禍

禎

テイ
(意)さいわい
名＝さだ、よし
嘉禎（かてい）(年號)
禎

福

フク
(意)さいわい
名＝さき、さち
福德（ふくとく）
幸福（こうふく）
福

端

タン
はし、は、はた
發端（ほったん）
端數（はすう）

兢

キョウ
つつし-む
(意)おそれる
戰戰兢兢（せんせんきょうきょう）
兢惕（きょうてき）

種

シュ
たね
種類（しゅるい）
種（たね）まき

稱

ショウ
とな-える
たた-える
稱號（しょうごう）
愛稱（あいしょう）
称

疑

ギ
うたが-う
嫌疑（けんぎ）
容疑（ようぎ）

維

イ、ユイ
つな-ぐ
名＝これ、ただ
維新（いしん）
纖維（せんい）

綱

コウ
つな
要綱（ようこう）
綱引（つなひ）き

綿

メン
わた
綿密（めんみつ）
綿毛（わたげ）

網

モウ
あみ
網羅（もうら）
網戶（あみど）

綠
リョク、ロク
みどり
新綠（しんりょく）
綠色（みどりいろ）
緑

粹
スイ
いき
生粹（きっすい）
粹筋（いきすじ）
粋

精
セイ、ショウ
くわ-しい
精神（せいしん）
精進（しょうじん）
精

製
セイ
（意）つくる
製造（せいぞう）
特製（とくせい）

管
カン
くだ
管弦樂（かんげんがく）
手練手管（てれんてくだ）

箇
カ、コ
箇所（かしょ）
箇數（こすう）

算
サン
かぞ-える
算數（さんすう）
打算（ださん）

翠
スイ
みどり
翠雲（すいうん）
翡翠（ひすい）
翠

肇
チョウ
名＝はじめ、はつ
肇始（ちょうし）
肇國（ちょうこく）
肇

舞
ブ
ま-う、まい
亂舞（らんぶ）
獅子舞（ししまい）
舞

踊
ヨウ
おど-る
踊躍（ようやく）
盆踊り（ぼんおどり）

輕
ケイ
かろ-やか
かる-い
輕率（けいそつ）
輕はずみ（かるはずみ）
軽

語

ゴ
かた-る

語氣（ごき）
語り手（かたりて）

誤

ゴ
あやま-る

誤解（ごかい）
正誤（せいご）

誤

誌

シ
しる-す

雜誌（ざっし）
誌面（しめん）

誠

セイ
まこと

誠實（せいじつ）
誠の話（まことのはなし）

誠

說

セツ、ゼイ
と-く

說明（せつめい）
遊說（ゆうぜい）

説

誕

タン
(意)うまれる

生誕（せいたん）
降誕祭（こうたんさい）

誕

認

ニン
みと-める

確認（かくにん）
認印（みとめいん）

認

誘

ユウ
さそ-う
いざな-う

誘惑（ゆうわく）
誘い水（さそいみず）

誓

セイ
ちか-う

誓約（せいやく）
誓い（ちかい）

酵

コウ
(意)酒がかもされてあわだつ

酵母（こうぼ）
發酵（はっこう）

酷

コク
むご-い、ひど-い

酷評（こくひょう）
冷酷（れいこく）

酷

酸

サン
す-い

酸素（さんそ）
鹽酸（えんさん）

需

ジュ、シュ
(意)もとめる
需要（じゅよう）
應需（おうじゅ）

銀

ギン
しろがね
銀貨（ぎんか）
水銀（すいぎん）

銃

ジュウ
つつ
(意)鉄砲
銃聲（じゅうせい）
小銃（しょうじゅう）

銑

セン
ずく
銑鐵（せんてつ）

銅

ドウ
あかがね
銅貨（どうか）
青銅（せいどう）

銘

メイ
(意)しるす
すぐれた
銘柄（めいがら）
感銘（かんめい）

飼

シ
か-う
飼育（しいく）
飼い犬（いぬ）
飼

飾

ショク
かざ-る
裝飾（そうしょく）
飾り窓（かざ・まど）
飾

飽

ホウ
あ-きる
飽和（ほうわ）
飽きがくる（あ）
飽

雌

シ
めす、め
雌雄（しゆう）
雌猫（めすねこ）

閣

カク
(意)内閣
内閣（ないかく）
金閣寺（きんかくじ）

閥

バツ
(意)いえがら
閥族（ばつぞく）
財閥（ざいばつ）

聞

ブン、モン

きく

傳聞（でんぶん）

聞き手（きて）

領

リョウ、レイ

(意)うなじ、えり

おさめる

領土（りょうど）

要領（ようりょう）

駄

ダ、タ

駄賃（だちん）

雪駄（せった）

魂

コン

たましい

鬪魂（とうこん）

大和魂（やまとだましい）

鼻

ビ

はな

耳鼻科（じびか）

鼻血（はなぢ）

鼻

十五畫

億

オク

(意)数の名

一億（いちおく）

億劫（おっくう）

億

價

カ

あたい

評價（ひょうか）

價が高い（あたいがたかい）

価

儀

ギ

のり

(意)作法、礼式

禮儀（れいぎ）

祝儀（しゅうぎ）

儉

ケン
(意)つづまやか
儉約（けんやく）
節儉（せっけん）
倹

劇

ゲキ
はげ-しい
劇藥（げきやく）
觀劇（かんげき）

劍

ケン
つるぎ
劍道（けんどう）
懷劍（かいけん）
剣

寬

カン
ひろ-い
寬容（かんよう）
寬大（かんだい）
寛

審

シン
つまび-らか
審判（しんぱん）
不審（ふしん）

寮

リョウ
(意)つかさ
寮舍（りょうしゃ）
女子寮（じょしりょう）

寫

シャ
うつ-す
寫眞（しゃしん）
寫し繪（うつしえ）
写

衝

ショウ
つ-く
衝突（しょうとつ）
要衝（ようしょう）

徹

テツ
とお-る
徹底（てってい）
透徹（とうてつ）

德

トク
名＝のり、めぐむ
德義（とくぎ）
道德（どうとく）
徳

徵

チョウ
しるし
(意)めす
徵收（ちょうしゅう）
象徵（しょうちょう）
徴

舖

ホ
(意)しく、みせ
舖道（ほどう）
店舖（てんぽ）
舗

隣

リン
となり
隣家（りんか）
隣近所（となりきんじょ）

隣

賣

バイ
う-る
賣却（ばいきゃく）
販賣（はんばい）

売

瀉

セキ
かた
瀉湖（せきこ）
干瀉（ひがた）

潔

ケツ
いさぎよ-い
名＝きよ、きよし
清潔（せいけつ）
潔い（いさぎよい）

潔

澁

ジュウ
しぶ-い
澁滯（じゅうたい）
澁紙（しぶがみ）

渋

潤

ジュン
うるお-う
うる-む
潤澤（じゅんたく）
濕潤（しつじゅん）

澄

チョウ
す-む
名＝すみ
清澄（せいちょう）
上澄み（うわずみ）

潛

セン
ひそ-む、もぐ-る
潛伏（せんぷく）
潛行（せんこう）

潜

潮

チョウ
しお
滿潮（まんちょう）
潮騷（しおさい）

潮

影

エイ
かげ
幻影（げんえい）
影繪（かげえ）

層

ソウ
（意）かさなる
地層（ちそう）
高層（こうそう）

層

履

リ
は-く
履歷（りれき）
履き違え（はきちがえ）

賞

音	ショウ
意	(意)ほめる
例	賞状（しょうじょう）　懸賞（けんしょう）

憂

音訓	ユウ　うれ-い、う-い
例	憂慮（ゆうりょ）　憂い事（うれいごと）

增

音訓	ゾウ　ま-す、ふ-える
例	增加（ぞうか）　割り增し（わりまし）
常用	増

墮

音訓	ダ　お-ちる
例	墮落（だらく）　墮胎（だたい）
常用	堕

墜

音訓	ツイ　お-ちる
例	失墜（しっつい）　擊墜（げきつい）
常用	墜

撮

音訓	サツ　と-る
例	撮要（さつよう）　撮影（さつえい）

撤

音	テツ
意	(意)のぞく、やめる
例	撤退（てったい）　撤廢（てっぱい）

撲

音訓	ボク　なぐ-る
例	撲滅（ぼくめつ）　打撲（だぼく）

弊

音	ヘイ
意	(意)悪いこと　つかれる
例	弊害（へいがい）　疲弊（ひへい）
常用	弊

幣

音訓	ヘイ　ぬさ
意	(意)おかね
例	貨幣（かへい）　造幣（ぞうへい）
常用	幣

慶

音訓	ケイ、キョウ　よろこ-び
名	名＝よし
例	餘慶（よけい）　慶讚（きょうさん）

廣

音訓	コウ　ひろ-い
例	廣告（こうこく）　廣場（ひろば）
常用	広

廢

ハイ
すた-れる
廢止（はいし）
廢れる（すたれる）
廃

彈

ダン
ひ-く、たま
はず-む
彈力（だんりょく）
連彈（れんだん）
弾

憧

ショウ
あこが-れる
憧憬（しょうけい）
憧

憎

ゾウ
にく-む
憎惡（ぞうお）
憎まれ役（にくまれやく）
憎

歐

オウ
歐米（おうべい）
北歐（ほくおう）
欧

概

ガイ
おおむ-ね
概念（がいねん）
大概（たいがい）
概

樞

スウ
(意)かなめ
樞機（すうき）
樞軸（すうじく）
枢

樺

カ
かば
樺色（かばいろ）
白樺（しらかば）
樺

槽

ソウ
おけ
齒槽（しそう）
浴槽（よくそう）

標

ヒョウ
しる-す
しるべ、しるし
標語（ひょうご）
目標（もくひょう）

模

モ、ボ
(意)かた、似せる
模樣（もよう）
規模（きぼ）
模

樣

ヨウ
さま
樣子（ようす）
神樣（かみさま）
様

十五畫 樓樂慕暮蓮慰慧遮遭適膜暫

樓
ロウ
(意)たかどの
樓閣 ろうかく
望樓 ぼうろう
楼

蓮
レン
はす
蓮根 れんこん
蓮池 はすいけ
蓮

遭
ソウ
あーう
遭難 そうなん
遭遇 そうぐう
遭

樂
ラク、ガク
たのーしい
樂觀 らっかん
音樂 おんがく
楽

慰
イ
なぐさーめる
慰勞 いろう
慰め顔 なぐさめがお

適
テキ
かなーう
たまたま
適當 てきとう
快適 かいてき
適

慕
ボ
したーう
慕情 ぼじょう
思慕 しぼ
慕

慧
ケイ、エ
名＝さとし、さとる
慧眼 けいがん
智慧 ちえ
慧

膜
マク
腹膜 ふくまく
網膜 もうまく
膜

暮
ボ
くーれる
歳暮 せいぼ
夕暮れ ゆうぐれ
暮

遮
シャ
さえぎーる
遮斷 しゃだん
光を遮る ひかりをさえぎる
遮

暫
ザン
しばらーく
暫時 ざんじ
暫定 ざんてい
暫

暴
ボウ、バク
あば-れる
亂暴（らんぼう）
暴（あば）れん坊（ぼう）

敵
テキ
かたき
敵對（てきたい）
強敵（きょうてき）
敵

敷
フ
し-く
敷設（ふせつ）
敷金（しききん）
敷

數
スウ、ス
かず
かぞ-える
數學（すうがく）
數（かぞ）え歌（うた）
数

熟
ジュク
う-れる
熟練（じゅくれん）
成熟（せいじゅく）

熱
ネツ
あつ-い
熱望（ねつぼう）
高熱（こうねつ）

穀
コク
（意）穀物
穀類（こくるい）
雜穀（ざっこく）
穀

毆
オウ
なぐ-る
毆打（おうだ）
毆（なぐ）り込（こ）み
殴

窮
キュウ
きわ-める
窮屈（きゅうくつ）
貧窮（ひんきゅう）

窯
ヨウ
かま
窯變（ようへん）
窯元（かまもと）

罷
ヒ、ハイ
や-める、まか-る
罷業（ひぎょう）
罷免（ひめん）

確
カク
たし-か
確實（かくじつ）
的確（てきかく）

磁
ジ
(意)じしゃく
磁場（じば）
青磁（せいじ）
磁

監
カン、ケン
み-る
監視（かんし）
舎監（しゃかん）

盤
バン
(意)大きな岩、皿
岩盤（がんばん）
旋盤（せんばん）

稲
トウ
いね、いな
稲穂（いなほ）
稲扱き（いねこき）
稲

稼
カ
かせ-ぐ
稼業（かぎょう）
稼ぎ手（かせぎて）

稿
コウ
(意)詩文の下書き
稿本（こうほん）
原稿（げんこう）

緯
イ
(意)よこいと
緯度（いど）
經緯（けいい）
緯

縁
エン
ふち
縁側（えんがわ）
川縁（かわぶち）
縁

緩
カン
ゆる-い
緩和（かんわ）
弛緩（しかん）
緩

緒
ショ、チョ
お、いとぐち
由緒（ゆいしょ）
鼻緒（はなお）
緒

線
セン
(意)すじ
線路（せんろ）
視線（しせん）

締
テイ
し-める
締結（ていけつ）
締盟（ていめい）
締

編

ヘン
あ-む
編集(へんしゅう)
編(あ)み物(もの)

編

練

レン
ね-る
練習(れんしゅう)
練(ね)り歩(ある)く

練

緊

キン
(意)しめる
緊急(きんきゅう)
緊迫(きんぱく)

節

セツ、セチ
ふし
節分(せつぶん)
節穴(ふしあな)

節

箸

はし
箸箱(はしばこ)
祝(いわ)い箸(ばし)

箸

箱

ソウ
はこ
箱庭(はこにわ)
重箱(じゅうばこ)

範

ハン
のり
範圍(はんい)
規範(きはん)

膚

フ
はだ
皮膚(ひふ)
膚色(はだいろ)

慮

リョ
おもんぱか-る
慮外(りょがい)
遠慮(えんりょ)

養

ヨウ
やしな-う
教養(きょうよう)
養(やしな)い親(おや)

養

踏

トウ
ふ-む
舞踏會(ぶとうかい)
踏(ふ)み臺(だい)

踐

セン
ふ-む
踐行(せんこう)
實踐(じっせん)

践

賜

シ
たまわ-る
恩賜（おんし）
賜物（たまもの）

賠

バイ
(意)つぐなう
賠償（ばいしょう）

賦

フ
(意)みつぎもの
賦與（ふよ）
賦役（ふえき）

質

シツ、シチ、チ
ただ-す、たち
質問（しつもん）
質屋（しちや）

輪

リン
わ
輪郭（りんかく）
首輪（くびわ）

輝

キ
かがや-く
名=てる
輝映（きえい）
光輝（こうき）

輩

ハイ
やから
輩出（はいしゅつ）
朋輩（ほうばい）

課

カ
課題（かだい）
日課（にっか）

請

セイ、シン
こ-う、う-ける
請願（せいがん）
請負（うけおい）
請

談

ダン
(意)かたる
雜談（ざつだん）
對談（たいだん）

調

チョウ
しら-べる
ととの-う
調和（ちょうわ）
調べ物（しらべもの）
調

論

ロン
あげつら-う
論説（ろんせつ）
結論（けつろん）

醉

スイ
よ-う
心醉（しんすい）
醉っ拂う（よっぱらう）

酔

趣

シュ
おもむき
趣味（しゅみ）
情趣（じょうしゅ）

震

シン
ふる-う
震災（しんさい）
身震い（みぶるい）

銳

エイ
するど-い
銳氣（えいき）
精銳（せいえい）

鋭

餌

ジ、ニ
え、えさ
餌口（じこう）
犬の餌（いぬのえさ）

閱

エツ
けみ-する
閱讀（えつどく）
檢閱（けんえつ）

閲

駐

チュウ
（意）とどまる
駐在（ちゅうざい）
駐屯（ちゅうとん）

駐

魅

ミ
（意）もののけ
魅惑（みわく）
魑魅魍魎（ちみもうりょう）

髮

ハツ
かみ
頭髮（とうはつ）
黑髮（くろかみ）

髪

摩

マ
す-る、こす-る
摩天樓（まてんろう）
按摩（あんま）

摩

瘦

ソウ
や-せる
瘦身（そうしん）

痩

墨

ボク
すみ
墨汁（ぼくじゅう）
墨繪（すみえ）

墨

齒

シ
は
乳齒（にゅうし）
蟲齒（むしば）

歯

十六畫

儒

ジュ
（意）孔子の教えを奉ずる人
儒教（じゅきょう）
大儒（たいじゅ）

曆

レキ
こよみ
曆法（れきほう）
繪曆（えごよみ）

暦

歷

レキ
へ-る
（意）過ぎる
歷史（れきし）
經歷（けいれき）

歴

凝

ギョウ
こ-らす、こ-る
凝視（ぎょうし）
肩凝り（かたこり）

興

コウ、キョウ
おこ-す
名＝おき
興業（こうぎょう）
興味（きょうみ）

劑

ザイ
（意）調合した薬
錠劑（じょうざい）
消毒劑（しょうどくざい）

剤

憲

ケン
のり
憲法（けんぽう）
官憲（かんけん）

憲

衞

エイ、エ
まも-る
衞生（えいせい）
護衞（ごえい）

衛

衡

コウ
(意)はかり
平衡（へいこう）
度量衡（どりょうこう）

蔽

ヘイ
隱蔽（いんぺい）

蔽

噴

フン
ふ-く
噴煙（ふんえん）
噴（ふ）き出（だ）す

噴

器

キ
うつわ
器具（きぐ）
器物（うつわもの）

器

獨

ドク
ひと-り
獨立（どくりつ）
單獨（たんどく）

独

學

ガク
まな-ぶ
化學（かがく）
學（まな）びの庭（にわ）

学

隨

ズイ
したが-う
隨伴（ずいはん）
付隨（ふずい）

随

險

ケン
けわ-しい
險惡（けんあく）
險（けわ）しい山（やま）

険

激

ゲキ
はげ-しい
激情（げきじょう）
感激（かんげき）

濁

ダク
にご-る
濁音（だくおん）
濁（にご）り酒（ざけ）

濃

ノウ
こ-い
濃厚（のうこう）
濃（こ）い茶（ちゃ）

澤

タク
さわ
澤山（たくさん）
澤蟹（さわがに）

沢

導

ドウ
みちびーく
指導（しどう）
導き人（みちびきびと）

導

奮

フン
ふるーう
奮闘（ふんとう）
奮い起つ（ふるいたつ）

壇

ダン、タン
壇上（だんじょう）
文壇（ぶんだん）

墳

フン
(意)はか
墳墓（ふんぼ）
古墳（こふん）

墳

墾

コン
ひらーく
墾耕（こんこう）
開墾（かいこん）

壁

ヘキ
かべ
壁畫（へきが）
白壁（しらかべ）

壁

據

キョ、コ
よーる
據點（きょてん）
証據（しょうこ）

拠

操

ソウ
みさお、あやつーる
體操（たいそう）
操り人形（あやつりにんぎょう）

擇

タク
えらーぶ
採擇（さいたく）
取捨選擇（しゅしゃせんたく）

択

擔

タン
になーう、かつーぐ
擔當（たんとう）
負擔（ふたん）

担

擁

ヨウ
(意)まもる、いだく
擁護（ようご）
抱擁（ほうよう）

憶

オク
おぼ-える
おも-う
憶説（おくせつ）
追憶（ついおく）
憶

憾

カン
うら-む
遺憾（いかん）

憤

フン
いきどお-る
憤慨（ふんがい）
義憤（ぎふん）
憤

戰

セン
たたか-う
いくさ
戰亂（せんらん）
戰爭（せんそう）
戦

横

オウ
よこ
専横（せんおう）
横綱（よこづな）
横

機

キ
はた
機會（きかい）
機織り（はたおり）
機

橋

キョウ
はし
鐵橋（てっきょう）
棧橋（さんばし）

樹

ジュ
き
樹木（じゅもく）
植樹（しょくじゅ）

憩

ケイ
いこ-う
休憩（きゅうけい）
憩（いこ）いの場（ば）

遺

イ、ユイ
わす-れる
のこ-す
遺産（いさん）
遺言（ゆいごん）
遺

遵

ジュン
したが-う
遵守（じゅんしゅ）
遵奉（じゅんぽう）
遵

選

セン
えら-ぶ
選擧（せんきょ）
選（えら）び出（だ）す
選

遷
セン
うつ-る
變遷(へんせん)
左遷(させん)
遷

遲
チ
おく-れる
おそ-い
遲刻(ちこく)
遲延(ちえん)
遅

遼
リョウ
(意)はるか
遼遠(りょうえん)
廣遼(こうりょう)
遼

膨
ボウ
ふく-れる
膨大(ぼうだい)
膨脹(ぼうちょう)

曉
ギョウ
あかつき
名=あき、さとる
拂曉(ふつぎょう)
成功の曉(せいこうのあかつき)
暁

曇
ドン
くも-る
晴曇(せいどん)
曇り日(くもりび)

整
セイ
ととの-える
整然(せいぜん)
整理整頓(せいりせいとん)

燒
ショウ
や-く
全燒(ぜんしょう)
燒き印(やきいん)
焼

燈
トウ、チン
ひ、ともしび
燈臺(とうだい)
提燈(ちょうちん)
灯

燃
ネン
も-える
燃燒(ねんしょう)
燃え殼(もえがら)

勳
クン
いさお
勳章(くんしょう)
殊勳(しゅくん)
勲

默
モク
だま-る
默禮(もくれい)
寡默(かもく)
黙

龍

リュウ、リョウ
たつ
青龍（せいりゅう）
畫龍點睛（がりょうてんせい）

竜

積

セキ
つ-む
蓄積（ちくせき）
積（つ）み木（き）

縣

ケン
あがた
縣廳（けんちょう）
縣主（あがたぬし）

県

縛

バク
しば-る
束縛（そくばく）
縛（しば）り網（あみ）

縛

糖

トウ
(意)さとう
糖分（とうぶん）
砂糖（さとう）

糖

築

チク
きず-く
建築（けんちく）
增築（ぞうちく）

築

篤

トク
あつ-い
篤農（とくのう）
危篤（きとく）

融

ユウ
と-ける
融通（ゆうずう）
金融（きんゆう）

螢

ケイ
ほたる
螢光燈（けいこうとう）
螢火（ほたるび）

蛍

豫

ヨ
あらかじ-め
豫報（よほう）
猶豫（ゆうよ）

予

賢

ケン
かしこ-い
賢明（けんめい）
賢所（かしこどころ）

賭

ト
か-ける
賭場（とば）
賭事（かけごと）

賭

辨

ベン

辨當（べんとう）　勘辨（かんべん）

弁

輸

ユ

(意)おくる、はこぶ

輸送（ゆそう）　運輸（うんゆ）

輸

謁

エツ

(意)まみえる

謁見（えっけん）　拜謁（はいえつ）

謁

諮

シ

はか-る

諮詢（しじゅん）　諮問（しもん）

諮

諸

ショ

もろ

諸國（しょこく）　小諸（こもろ）

諸

諾

ダク

うべな-う

諾否（だくひ）　受諾（じゅだく）

諾

諦

テイ

あきら-める

諦觀（ていかん）　諦念（ていねん）

諦

謀

ボウ、ム

はか-る

參謀（さんぼう）　謀反（むほん）

諭

ユ

さと-す

諭告（ゆこく）　說諭（せつゆ）

諭

親

シン

おや、した-しい

名＝ちか、ちかし

親善（しんぜん）　親子（おやこ）

親

靜

セイ、ジョウ

しず-か

靜養（せいよう）　靜岡縣（しずおかけん）

静

鋼

コウ

はがね

鋼鐵（こうてつ）　精鋼（せいこう）

錯

サク
(意)誤る、まじる
錯覺（さっかく）
交錯（こうさく）

錠

ジョウ
錠前（じょうまえ）
南京錠（なんきんじょう）

錘

スイ
つむ、おもり
鉛錘（えんすい）
紡錘（ぼうすい）

錢

セン
ぜに
錢湯（せんとう）
小錢（こぜに）

銭

錄

ロク
(意)しるす
錄音（ろくおん）
目錄（もくろく）

録

餓

ガ
うーえる
餓鬼（がき）
飢餓（きが）

餓

餘

ヨ
あまーる
餘裕（よゆう）
餘談（よだん）

余

頭

トウ、ズ、ト
あたま、かしら
こうべ
頭角（とうかく）
頭數（あたまかず）

頻

ヒン
しきりーに
頻發（ひんぱつ）
頻繁（ひんぱん）

頻

賴

ライ
たのーむ、たよーる
名＝より
依賴（いらい）
賴み手（たのみて）

頼

磨

マ
みがーく、すーる
錬磨（れんま）
磨き粉（みがきこ）

磨

龜

キ
かめ
名＝ひさし、すすむ
龜甲（きっこう）
鶴龜（つるかめ）

亀

十七畫

償

ショウ
つぐな-う

償還（しょうかん）
代償（だいしょう）

優

ユウ
やさ-しい
すぐ-れる、まさ-る

優遇（ゆうぐう）
俳優（はいゆう）

壓

アツ
おさ-える

壓迫（あっぱく）
氣壓（きあつ）

圧

勵

レイ
はげ-む

勵行（れいこう）
奬勵（しょうれい）

励

襃

ホウ
ほ-める

過襃（かほう）
襃め者（ほめもの）

褒

嚇

カク
おど-す

威嚇（いかく）
恐嚇（きょうかく）

營

エイ
いとな-む

營業（えいぎょう）
造營（ぞうえい）

営

獲

カク
え-る

獲得（かくとく）
獲物（えもの）

獲

隱

イン、オン
かく-れる

隱居（いんきょ）
隱れ家（かくれが）

隠

濟

サイ、ザイ
す-む

經濟（けいざい）
決裁濟み（けっさいずみ）

済

濕

シツ
しめ-る

濕度（しつど）
濕っぽい（しめっぽい）

湿

濯

タク
すす-ぐ

洗濯（せんたく）
濯（すす）ぎ洗（あら）い

濯

濱

ヒン
はま

海濱（かいひん）
砂濱（すなはま）

浜

擬

ギ
なぞら-える
もどき

擬態（ぎたい）
模擬（もぎ）

擦

サツ
す-る、す-れる

摩擦（まさつ）
擦（す）れ違（ちが）い

擧

キョ
あ-げる

擧行（きょこう）
選擧（せんきょ）

挙

擊

ゲキ
う-つ

擊退（げきたい）
攻擊（こうげき）

撃

應

オウ
こた-える

應援（おうえん）
反應（はんのう）

応

嶽

ガク
たけ

嶽父（がくふ）
山嶽（さんがく）

岳

彌

ミ、ビ
や

阿彌陀（あみだ）
彌生（やよい）

弥

戲

ギ
たわむ-れる
ざ-れる

遊戲（ゆうぎ）
戲（たわむ）れ事（ごと）

戯

檢

ケン
しら-べる

檢査（けんさ）
點檢（てんけん）

検

薪

シン
たきぎ、まき

薪炭（しんたん）
薪能（たきぎのう）

薪

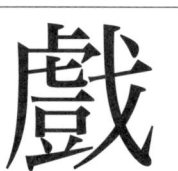

薦
セン
すす-める
推薦（すいせん）
自薦（じせん）
薦

薄
ハク
うす-い
浮薄（ふはく）
薄皮（うすかわ）
薄

懇
コン
ねんご-ろ
懇願（こんがん）
昵懇（じっこん）
懇

還
カン
かえ-る
還暦（かんれき）
返還（へんかん）
還

避
ヒ
さ-ける
避難（ひなん）
逃避（とうひ）
避

環
カン
たまき、わ
環境（かんきょう）
指環（ゆびわ）
環

臆
オク
臆測（おくそく）
臆病（おくびょう）
臆

膽
タン
きも
膽力（たんりょく）
落膽（らくたん）
胆

謄
トウ
(意)うつす
謄寫（とうしゃ）
謄錄（とうろく）
謄

燥
ソウ
かわ-く
乾燥（かんそう）
焦燥（しょうそう）
燥

齋
サイ
ものいみ
齋戒（さいかい）
書齋（しょさい）
斎

磯
キ
いそ
釣磯（ちょうき）
磯邊（いそべ）
磯

礁

ショウ
(意)かくれいわ
亂礁(らんしょう)
座礁(ざしょう)

禪

ゼン
禪宗(ぜんしゅう)
禪林(ぜんりん)
禅

穗

スイ
ほ
穗先(ほさき)
稻穗(いなほ)
穂

瞬

シュン
またたーく
瞬時(しゅんじ)
瞬く間(またたくま)
瞬

瞳

ドウ
ひとみ
瞳孔(どうこう)
黑い瞳(くろいひとみ)
瞳

矯

キョウ
たーめる
矯正(きょうせい)
矯め直す(ためなおす)

療

リョウ
(意)いやす
醫療(いりょう)
療治(りょうじ)

縱

ジュウ、ショウ
たて
縱橫(じゅうおう)
縱縞(たてじま)
縦

縮

シュク
ちぢーむ、ちぢーまる
ちぢーれる
縮圖(しゅくず)
縮み織り(ちぢみおり)

績

セキ
つむーぐ
功績(こうせき)
成績(せいせき)

總

ソウ
すべーて、ふさ
總合(そうごう)
總數(そうすう)
総

縫

ホウ
ぬーう
裁縫(さいほう)
縫い針(ぬいばり)
縫

繁
ハン
しげ-る
繁榮（はんえい）
頻繁（ひんぱん）
繁

聰
ソウ
名＝さとし
あき、とし
聰明（そうめい）
聡

聲
セイ、ショウ
こえ、こわ
聲樂（せいがく）
聲色（こわいろ）
声

購
コウ
あがな-う
購讀（こうどく）
購買（こうばい）
購

轄
カツ
(意)とりしまる
管轄（かんかつ）
所轄（しょかつ）
轄

謙
ケン
へりくだ-る
謙虚（けんきょ）
謙讓（けんじょう）
謙

講
コウ
(意)説く、話す
講演（こうえん）
進講（しんこう）
講

謝
シャ
あやま-る
謝禮（しゃれい）
感謝（かんしゃ）

謠
ヨウ
うた-う、うたい
謠曲（ようきょく）
謠初め（うたいぞめ）
謡

醜
シュウ
みにく-い、しこ
醜惡（しゅうあく）
醜女（しこめ）

霜
ソウ
しも
霜雪（そうせつ）
霜燒け（しもやけ）

鍛
タン
きた-える
鍛錬（たんれん）
鍛冶（たんや）

錬

レン
ねーる
錬磨（れんま）
鍛錬（たんれん）

錬

隷

レイ
（意）しもべ
隷書（れいしょ）
奴隷（どれい）

隷

闇

やみ
闇夜（やみよ）
暗闇（くらやみ）

闇

館

カン
やかた
博物館（はくぶつかん）
館城（やかたじろ）

館

餅

ヘイ
もち
煎餅（せんべい）
尻餅（しりもち）

餅

鮮

セン
あざーやか
鮮明（せんめい）
朝鮮（ちょうせん）

鮮

黛

タイ
まゆずみ
翠黛（すいたい）
青黛（せいたい）

黛

點

テン
點検（てんけん）
缺點（けってん）

点

韓

カン
韓國（かんこく）

韓

十八畫

獵
リョウ
(意)かり
獵師(りょうし)
狩獵(しゅりょう)
猟

濫
ラン
みだ-れる
濫造(らんぞう)
氾濫(はんらん)
濫

擴
カク
ひろ-げる
擴大(かくだい)
擴聲器(かくせいき)
拡

歸
キ
かえ-る
歸郷(ききょう)
歸り道(かえりみち)
帰

斷
ダン
た-つ
ことわ-る
斷念(だんねん)
鹽斷ち(しおだち)
断

舊
キュウ
ふる-い
舊式(きゅうしき)
復舊(ふっきゅう)
旧

薰
クン
かお-る
薰煙(くんえん)
餘薰(よくん)
薫

曙
ショ
あけぼの
拂曙(ふっしょ)
曙色(あけぼのいろ)
曙

曜
ヨウ
(意)かがやく
曜日(ようび)
七曜(しちよう)
曜

爵
シャク
爵號(しゃくごう)
男爵(だんしゃく)
爵

燿
ヨウ
かがや-く
榮燿(えいよう)
燿日(ようじつ)
燿

礎

ソ
いしずえ

礎石（そせき）
國礎（こくそ）

襟

キン
えり
（意）こころ

開襟（かいきん）
襟章（えりしょう）

禮

レイ、ライ
名＝あや

禮儀（れいぎ）
禮讃（らいさん）

礼

壘

ルイ
（意）とりで
野球のベース

壘壁（るいへき）
本壘打（ほんるいだ）

塁

癖

ヘキ
くせ

潔癖（けっぺき）
一癖（ひとくせ）

癖

癒

ユ
い-える

快癒（かいゆ）
平癒（へいゆ）

癒

織

ショク、シキ
お-る

組織（そしき）
羽織（はおり）

織

繕

ゼン
つくろ-う

修繕（しゅうぜん）
繕い物（つくろいもの）

糧

リョウ、ロウ
かて

食糧（しょくりょう）
心の糧（こころのかて）

簡

カン
（意）てがる、手紙

簡單（かんたん）
書簡（しょかん）

簡

覆

フク
おお-う
くつがえ-る

覆面（ふくめん）
轉覆（てんぷく）

覆

翻

ホン
ひるがえ-る

翻意（ほんい）
翻譯（ほんやく）

翻

翼

ヨク
つばさ
名＝たすく
翼賛（よくさん）
兩翼（りょうよく）

翼

職

ショク
(意)仕事、役目
職業（しょくぎょう）
就職（しゅうしょく）

職

蟲

チュウ
むし
蟲害（ちゅうがい）
蟲齒（むしば）

虫

轉

テン
ころ-がす
ころ-ぶ
運轉（うんてん）
七轉び八起き（ななころびやおき）

転

謹

キン
つつし-む
謹嚴（きんげん）
謹聽（きんちょう）

謹

醫

イ
いや-す
(意)病気をなおす
醫學（いがく）
醫者（いしゃ）

医

臨

リン
のぞ-む
臨海（りんかい）
臨終（りんじゅう）

豐

ホウ
ゆた-か
名＝とよ
豐作（ほうさく）
豐かな大地（ゆたかなだいち）

豊

鎌

レン
かま
鎌倉（かまくら）
草刈り鎌（くさかりがま）

鎌

鎖

サ
くさり
鎖國（さこく）
鎖鎌（くさりがま）

鎖

鎭

チン
しず-める
鎭靜（ちんせい）
文鎭（ぶんちん）

鎮

雜

ザツ、ゾウ
ま-ざる
混雜（こんざつ）
雜炊（ぞうすい）

雑

雙

ソウ
ふた-つ
雙方（そうほう）
雙子（ふたご）
双

額

ガク
ひたい
額面（がくめん）
富士額（ふじびたい）

顏

ガン
かお
汗顏（かんがん）
顏色（かおいろ）
顔

題

ダイ
（意）書物の巻頭
宿題（しゅくだい）
問題（もんだい）

騎

キ
（意）馬に乗る
騎馬戰（きばせん）
單騎（たんき）

麿

【国字】
まろ
（意）われ、おのれ
人麿（ひとまろ）（名）
清麿（きよまろ）（名）
麿

十九畫

瀨

ライ
せ
溪瀨（けいらい）
淺瀨（あさせ）
瀬

瀧

ロウ
たき
瀧壺（たきつぼ）
瀧川（たきがわ）
滝

壞

カイ、エ
こわ-す
壞滅（かいめつ）
不壞（ふえ）
壊

懷

カイ
なつ-かしい
ふところ
懷古（かいこ）
感懷（かんかい）

懐

藩

ハン
(意)諸侯、大名
藩祖（はんそ）
大藩（たいはん）

藩

藝

ゲイ
名＝き
藝術（げいじゅつ）
文藝（ぶんげい）

芸

獸

ジュウ
けもの
獸醫（じゅうい）
猛獸（もうじゅう）

獣

繭

ケン
まゆ
繭絲（けんし）
繭玉（まゆだま）

繭

懲

チョウ
こ-りる、こ-らす
懲惡（ちょうあく）
勸懲（かんちょう）

懲

藏

ゾウ
くら
名＝おさむ
藏書（ぞうしょ）
米藏（こめぐら）

蔵

藥

ヤク
くすり
藥劑（やくざい）
藥瓶（くすりびん）

薬

邊

ヘン
あた-り、べ
ほとり
身邊（しんぺん）
池の邊（いけのほとり）

辺

藤

トウ
ふじ
葛藤（かっとう）
藤棚（ふじだな）

藤

藍

ラン
あい
出藍（しゅつらん）
藍染め（あいぞめ）

藍

璽

ジ
しるし
御璽（ぎょじ）
國璽（こくじ）

鵬

ホウ
おおとり
鵬圖(ほうと)
鵬翼(ほうよく)

鵬

爆

バク
は-ぜる
爆發(ばくはつ)
爆彈(ばくだん)

羅

ラ
(意)あみ、つらねる
羅漢(らかん)
網羅(もうら)

礙

ガイ、ゲ
さまた-げる
障礙(しょうがい)

碍

禰

ネ
(意)父のみたまや
禰宜(ねぎ)

祢

穩

オン
おだ-やか
穩便(おんびん)
平穩(へいおん)

穏

穫

カク
(意)かる
收穫(しゅうかく)
多穫(たかく)

穫

癡

チ
(意)おろか
癡人(ちじん)
音癡(おんち)

痴

繪

カイ、エ
繪畫(かいが)
繪本(えほん)

絵

繰

ソウ
く-る
繰り言(くりごと)
遣り繰り(やりくり)

繩

ジョウ
なわ
繩墨(じょうぼく)
注連繩(しめなわ)

縄

簿

ボ
(意)帳面
簿記(ぼき)
名簿(めいぼ)

簿

覇
ハ
（意）はたがしら
覇氣（はき）
制覇（せいは）
覇

贊
サン
（意）たすける
ほめる
贊美（さんび）
自贊（じさん）
賛

贈
ゾウ
おく-る
受贈（じゅぞう）
贈り物（おくりもの）
贈

辭
ジ
や-める
辭退（じたい）
祝辭（しゅくじ）
辞

識
シキ、ショク
し-る
識者（しきしゃ）
博識（はくしき）
識

證
ショウ
あかし
僞證（ぎしょう）
身の證（あかし）
証

霧
ム
きり
濃霧（のうむ）
霧雨（きりさめ）

鏡
キョウ
かがみ
鏡臺（きょうだい）
手鏡（てかがみ）
鏡

難
ナン
かた-い
むずか-しい
避難（ひなん）
有り難い（ありがたい）
難

離
リ
はな-れる、はな-す
離散（りさん）
離れ座敷（はなれざしき）

關
カン
せき、かか-わる
關連（かんれん）
關所（せきしょ）
関

願
ガン
ねが-う
祈願（きがん）
願い事（ねがいごと）

類
ルイ
たぐい
類似（るいじ）
親類（しんるい）
類

韻
イン
(意)ひびき
韻文（いんぶん）
餘韻（よいん）
韻

鯨
ゲイ
くじら
捕鯨（ほげい）
鯨尺（くじらじゃく）

鯛
チョウ
たい
鯛焼き（たいやき）
櫻鯛（さくらだい）
鯛

麗
レイ
うるわ-しい
麗姿（れいし）
綺麗（きれい）

二十畫

勸
カン
すす-める
勸誘（かんゆう）
勸告（かんこく）
勧

寶
ホウ
たから
國寶（こくほう）
寶船（たからぶね）
宝

孃
ジョウ
むすめ
貴孃（きじょう）
令孃（れいじょう）
嬢

嚴

ゲン、ゴン
きび-しい
おごそ-か

嚴格（げんかく）
莊嚴（そうごん）

厳

藻

ソウ
も

海藻（かいそう）
藻鹽（もしお）

藻

黨

トウ
(意)なかま

黨派（とうは）
政黨（せいとう）

党

獻

ケン、コン
(意)たてまつる

獻身（けんしん）
獻立（こんだて）

献

懸

ケン、ケ
か-ける

懸賞（けんしょう）
懸命（けんめい）

繼

ケイ
つ-ぐ、まま

繼承（けいしょう）
跡繼ぎ（あとつぎ）

継

壤

ジョウ
つち

壤土（じょうど）
天壤（てんじょう）

壌

騰

トウ
あ-がる

騰貴（とうき）
沸騰（ふっとう）

騰

籍

セキ、ジャク
ふみ

籍甚（せきじん）
戸籍（こせき）

籍

犧

ギ、キ
(意)いけにえ

犧牲（ぎせい）
犧打（ぎだ）

犠

爐

ロ
いろり

爐邊談話（ろへんだんわ）
暖爐（だんろ）

炉

瓣

ベン

瓣膜（べんまく）
花瓣（かべん）

弁

議

ギ
(意)はかる
議會(ぎかい)
評議(ひょうぎ)

譜

フ
(意)しるす
譜代(ふだい)
樂譜(がくふ)
譜

譯

ヤク
わけ
通譯(つうやく)
申し譯(もうしわけ)
訳

警

ケイ
いまし-める
警察(けいさつ)
夜警(やけい)
警

譽

ヨ
ほま-れ、ほ-める
名＝たか
榮譽(えいよ)
秀才の譽れ(しゅうさいのほまれ)
誉

觸

ショク
ふ-れる、さわ-る
接觸(せっしょく)
言い觸らす(いいふらす)
触

釋

シャク
(意)とく、ゆるす
釋放(しゃくほう)
解釋(かいしゃく)
釈

覺

カク
おぼ-える
さ-ます、さ-める
覺悟(かくご)
覺え書き(おぼえがき)
覚

麪

メン
麪類(めんるい)
麪包(めんぽう)
麺

鐘

ショウ
かね
鐘樓(しょうろう)
鐘つき堂(かねつきどう)
鐘

耀

ヨウ
かがや-く
光耀(こうよう)
榮耀(えいよう)
耀

騷

ソウ
さわ-ぐ
騷音(そうおん)
立ち騷ぐ(たちさわぐ)
騒

齡

レイ
よわい、とし

年齡（ねんれい）
高齡（こうれい）

齢

二十一畫

屬

ゾク、ショク
(意) つらねる

屬國（ぞっこく）
從屬（じゅうぞく）

属

攝

セツ
と-る

攝收（せっしゅう）
攝理（せつり）

摂

欄

ラン
(意) てすり、かこい

欄外（らんがい）
空欄（くうらん）

欄

櫻

オウ
さくら

櫻桃（おうとう）
櫻湯（さくらゆ）

桜

蘭

ラン
あららぎ

蘭契（らんけい）
鈴蘭（すずらん）

蘭

續

ゾク
つづ-く

連續（れんぞく）
續き物（つづきもの）

続

艦

カン
(意) いくさぶね

艦隊（かんたい）
戰艦（せんかん）

躍
ヤク
おど-る
躍起（やっき）
活躍（かつやく）
躍

辯
ベン
強辯（きょうべん）
辯論（べんろん）
弁

護
ゴ
まも-る
護衛（ごえい）
看護（かんご）
護

露
ロ、ロウ
つゆ、あらわ-す
露骨（ろこつ）
朝露（あさつゆ）

鐵
テツ
くろがね
鐵道（てつどう）
製鐵（せいてつ）
鉄

顧
コ
かえり-みる
顧問（こもん）
回顧（かいこ）
顧

驅
ク
か-ける
驅使（くし）
驅け出す（かけだす）
駆

魔
マ
（意）まもの
魔術（まじゅつ）
惡魔（あくま）
魔

鷄
ケイ
にわとり
鷄卵（けいらん）
鷄鉾（にわとりぼこ）
鶏

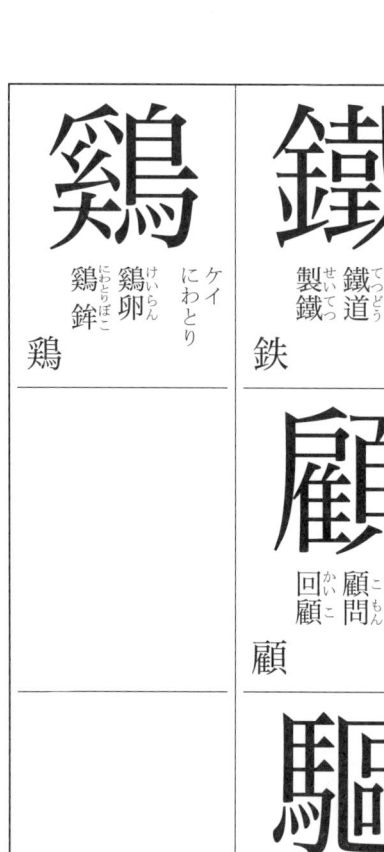

二十二畫

歡
カン
よろこ-び
歡迎（かんげい）
交歡（こうかん）
歓

權
ケン、ゴン
(意)力、権利
權威（けんい）
權化（ごんげ）
権

竊
セツ
ぬす-む
ひそ-かに
竊盜（せっとう）
剽竊（ひょうせつ）
窃

疊
ジョウ
たた-む、たたみ
重疊（ちょうじょう）
疊替え（たたみがえ）
畳

穰
ジョウ
(意)みのる
穰歳（じょうさい）
豐穰（ほうじょう）
穣

襲
シュウ
おそ-う
襲擊（しゅうげき）
襲來（しゅうらい）
襲

聽
チョウ
き-く
聽覺（ちょうかく）
謹聽（きんちょう）
聴

讀
ドク、トク、トウ
よ-む
句讀點（くとうてん）
讀み物（よみもの）
読

覽
ラン
み-る
閲覽（えつらん）
博覽會（はくらんかい）
覧

鑄
チュウ
い-る
鑄貨（ちゅうか）
鑄型（いがた）
鋳

響
キョウ
ひび-く
反響（はんきょう）
鳴り響く（なりひびく）
響

二十三畫

巖

ガン
いわお、いわ
巖窟（がんくつ）
巖穴（がんけつ）
巌

臟

ゾウ
(意)はらわた
臟器（ぞうき）
五臟（ごぞう）
臓

纖

セン
(意)ほそい
纖維（せんい）
纖細（せんさい）
繊

變

ヘン
か-わる、か-える
變動（へんどう）
心變わり（こころがわり）
変

戀

レン
こ-う、こい、こい-しい
戀愛（れんあい）
初戀（はつこい）
恋

鑑

カン
かがみ
鑑識（かんしき）
龜鑑（きかん）

鑛

コウ
(意)あらがね
鑛山（こうざん）
炭鑛（たんこう）
鉱

顯

ケン
あらわ-れる
名＝あき、あきら
顯著（けんちょ）
貴顯（きけん）
顕

驚

キョウ
おどろ-く
驚嘆（きょうたん）
驚き顔（おどろきがお）
驚

驛

エキ
うまや
驛舍（えきしゃ）
驛辨（えきべん）
駅

驗

ケン、ゲン
しるし
實驗（じっけん）
經驗（けいけん）
験

髓

ズイ、スイ

眞髓（しんずい）
腦髓（のうずい）

髄

體

タイ、テイ
からだ

體驗（たいけん）
體裁（ていさい）

体

麟

リン

麒麟（きりん）
獲麟（かくりん）

麟

二十四畫以上

囑

ショク
（意）たのむ

囑託（しょくたく）
委囑（いしょく）

嘱

艷

エン
つや、あで-やか
なまめ-かしい

艷美（えんび）
艷消し（つやけし）

艶

罐

カン

罐詰（かんづめ）
空罐（あきかん）

缶

蠶

サン
かいこ

蠶絲（さんし）
養蠶（ようさん）

蚕

讓

ジョウ
ゆず-る

謙讓（けんじょう）
讓り合い（ゆずりあい）

譲

釀

ジョウ
かも-す

釀成（じょうせい）
釀造（じょうぞう）

醸

靈

レイ、リョウ
たま、たましい

靈感（れいかん）
英靈（えいれい）

霊

灣

ワン
(意)入り海
灣内（わんない）
港灣（こうわん）

湾

廳

チョウ
(意)やくしょ
廳舎（ちょうしゃ）
縣廳（けんちょう）

庁

鹽

エン
しお
鹽分（えんぶん）
鹽氣（しおけ）

塩

蠻

バン
南蠻（なんばん）
野蠻（やばん）

蛮

觀

カン
み-る
觀覽（かんらん）
壯觀（そうかん）

観

鬭

トウ
たたか-う
鬭爭（とうそう）
拳鬭（けんとう）

闘

讚

サン
たた-える
ほ-める
讚嘆（さんたん）
絕讚（ぜっさん）

讃

以心傳心

文字や言葉を使わなくても、心は通じ合っている。

（いしんでんしん）

以心傳心

一期一會

一生に一度しかない出会いを大切にする。

（いちごいちえ）

一期一會

韋編三絕

本を綴じている紐が、何度も切れそうになるほど本を読む。

（いへんさんぜつ）

韋編三絕

一擧両得

わずかな労力で、多くの利益を得る。

（いっきょりょうとく）

一擧両得

苦學力行

働きながら苦労して学問に励み、さらに努力して実行する。

（くがくりっこう）

苦學力行

圓轉滑脱

物事や言動がすらすらと円滑に運んで、自由自在に変化する。

（えんてんかつだつ）

圓轉滑脱

畫龍點睛

最後の仕上げや物事の一番肝心な所のたとえ。（がりょうてんせい）

畫龍點睛

觀天望氣

空を見上げて天気を予測する。（かんてんぼうき）

觀天望氣

一觸卽發

少し触れただけでも一つ間違えば、争いごとなどが起こりかねない危険な状態。（いっしょくそくはつ）

一觸卽發

明鏡止水

心に一点の曇りもなく、静かで落ち着いた心境のたとえ。

明鏡止水

（めいきょうしすい）

因果應報

結果の善し悪しは、行いの善悪で決まる。

因果應報

（いんがおうほう）

螢雪之功

蛍の光りや雪の明るさを利用して、読書をしたり勉強をする。

螢雪之功

（けいせつのこう）

國士無雙

国の中で、他に並ぶ者がいないほど豪傑である。

（こくしむそう）

國士無雙

刻苦勉勵

心身の苦しみに耐えて、仕事や勉強につとめて励む。

（こっくべんれい）

刻苦勉勵

才氣煥發

頭の回転が早く、ひらめきのある人は、優れた才能を発揮できる。

（さいきかんぱつ）

才氣煥發

弱肉強食

強い者が、弱い者を思うままに滅ぼして繁栄していく。

弱肉強食

（じゃくにくきょうしょく）

神出鬼没

出没が目にもとまらぬほど自由自在である。

神出鬼没

（しんしゅつきぼつ）

心機一轉

心を新たに良い方向へ一転させる。

心機一轉

（しんきいってん）

言語道斷

言葉では言い表わせない程ひどい様子。

（ごんごどうだん）

言語道斷

艱難辛苦

苦労を経て、はじめて大成できる。

（かんなんしんく）

艱難辛苦

感慨無量

はかりしれないほど深く心に感じる。

（かんがいむりょう）

感慨無量

一心不亂

心を統一して念じるように、心を乱さず集中する。

一心不亂

（いっしんふらん）

有爲轉變

万物は絶えず変化し、同じ状態でとどまることはない。

有爲轉變

（ういてんぺん）

切磋琢磨

学問や人格の向上のために努力する。

切磋琢磨

（せっさたくま）

大器晩成

器量の大きい人は時間をかけて大成する。

大器晩成

（たいきばんせい）

晴耕雨讀

晴れた日は田畑を耕し、雨の日には読書をして過ごす。

晴耕雨讀

（せいこううどく）

東奔西走

東へ西へ、あちこちに忙しく駆けめぐる。

東奔西走

（とうほんせいそう）

榮枯盛衰

榮枯盛衰

栄えたり衰えたりを繰り返し、世の中は儚いものである。

（えいこせいすい）

單刀直入

單刀直入

遠回しな表現は避け、ずばり核心をつく。

（たんとうちょくにゅう）

七轉八起

七轉八起

失敗を繰り返しても、あきらめない。

（ななころびやおき）

千變萬化

物事や状況が、あれこれと変化してきわまりない。（せんぺんばんか）

千變萬化

日進月歩

絶え間なく進歩し、発展していく。（にっしんげっぽ）

日進月歩

百花繚亂

様々な花が咲き乱れるように、優れた人物や業績が一時期に集中して多く現れる。（ひゃっかりょうらん）

百花繚亂

質實剛健

誠実で心身ともに健康であり、たくましさもある。

質實剛健

（しつじつごうけん）

粉骨碎身

身を粉にして働く。

粉骨碎身

（ふんこつさいしん）

美辭麗句

美しい言葉で飾りたてても、内容は乏しく真実味のない表現。

美辭麗句

（びじれいく）

負薪讀書

薪を背負って読書をする二宮金次郎のように、苦労しながら学問に励む。

（ふしんどくしょ）

抱腹絕倒

おなかを抱えて笑いころげるほど面白い。

（ほうふくぜっとう）

臨機應變

状況の変化に応じて、適切な対応をとる。

（りんきおうへん）

子(し)曰(のたま)はく、學(まな)びて時(とき)に之(これ)を習(なら)ふ、亦説(またよろこば)しからずや。

朋(とも)あり遠方(えんぽう)より來(きた)る、

亦（また）樂（たの）しからずや。
人（ひと）知（し）らずして慍（うら）みず、
亦（また）君子（くんし）ならずや。

先生がいわれた、「学問を学んでは復習し、そのたびに理解して向上していくのは嬉しいことですね。友達が遠いところからも訪ねて来て、同じ道について語り合えることは楽しいですね。人が理解してくれなくてもうらまない。自分自身を信じて道を楽しむことができれば人格者ですね。」

子(し)曰(のたま)はく、學(まな)びて時(とき)に之(これ)を習(なら)ふ、亦説(またよろこば)しからずや。

朋(とも)あり遠方(えんぽう)より来(きた)る、

亦（また）樂（たの）しからずや。
人（ひと）知（し）らずして慍（うら）みず、
亦（また）君子（くんし）ならずや。

※孔子と天子（王様）の場合は、「曰（のたま）はく」と読む習慣がありました。
その他の場合は「曰（いは）く」と読みました。

曽子曰く、吾日に三たび吾が身を省る、人の為に謀りて忠ならざるか、朋友と交りて信な

らざるか、習(なら)はざるを
傳(つた)ふるか。

曾子がいった、「私は毎日三つのことについて反省する。人のために考えて、真心を尽くしてあげただろうか。友達と交際して、誠実であっただろうか。習熟していないことを、人に伝えてはいないだろうか。」

曾子曰く、吾日に三た
び吾が身を省る、人の
爲に謀りて忠ならざる
か、朋友と交りて信な

らざるか、習(なら)はざるを
傳(つた)ふるか。

子(し)曰(のたま)はく、吾(われ)十(じゅう)有(ゆう)五(ご)にして學(がく)に志(こころざ)す。三(さん)十(じゅう)にして立(た)つ。四(し)十(じゅう)にして惑(まど)はず。五(ご)十(じゅう)にして天(てん)

命を知る。六十にして耳順ふ。七十にして心の欲する所に従って、矩を踰えず。

先生がいわれた、「私は十五歳で学問に志し、三十歳になって独立し、四十歳になって迷うことが無く、五十歳になって自分自身の限界を知り、六十歳になって人の言うことを理解し、七十歳になると思うままに行動しても道理を外れることは無くなった。」

子曰はく、吾十有五にして學に志す。三十にして立つ。四十にして惑はず。五十にして天命を知る。六十にして耳順ふ。七十にして心の欲する所に従つて、矩を踰えず。

子曰（しのたま）はく、故（ふる）きを温（あたた）めて新（あたら）しきを知（し）る、以（もっ）て師（し）と為（な）るべし。

先生がいわれた、「古いことを学んで習熟すると、新しいこともすぐ理解でき、生きた知識が身に付く。そのようになれば、人の師となる資格がある。」

子曰（しのたま）はく、故（ふる）きを温（あたた）めて新（あたら）しきを知（し）る、以（もっ）て師（し）と為（な）るべし。

子曰はく、朝に道を聞かば夕に死すとも可なり。

先生がいわれた、「朝に正しい道理を悟ることができたら、その日の晩に死んでも、心は安らかであろう。」

子（し）曰（のたま）はく、朝（あした）に道（みち）を聞（き）かば夕（ゆふべ）に死（し）すとも可（か）なり。

子四を絶つ。意なく、必なく、固なく、我なし。

先生は四つのことを絶たれました。勝手な心を持たず、無理を押しつけず、執着をせず、我を張らないこと。

子四を絶つ。意なく、必なく、固なく、我なし。

部首名稱一覧

一画

部首	名称
一	いち
丶	てん
丿	はらいぼう
乙 乚	おつにょう
亅	はねぼう

二画

部首	名称
二	に
亠	なべぶた けいさんかんむり
人 亻	にんべん
𠆢	ひとやね ひとがしら
儿	にんにょう ひとあし
入	いりやね いりがしら
八	はちがしら
冂	けいがまえ まきがまえ
冖	わかんむり
冫	にすい
几	きにょう
凵	かんにょう かんがまえ
刂 刀	りっとう かたな
力	ちから
勹	つつみがまえ
匕	ひ さじのひ
匚	はこがまえ
匸	かくしがまえ
十	じゅう
卜	ぼく ぼくのと
卩 㔾	ふしづくり
厂	がんだれ
厶	む
又	また

三画

部首	名称
口	くちへん
囗	くにがまえ
土	つちへん
士	さむらい
夂	ちかんむり
夊	すいにょう
夕	ゆう・た ゆうべ
大	だい
女	おんなへん
子	こへん こどもへん
宀	うかんむり
寸	すん
小 ⺍	しょう ちいさい
尢 尣 兀	だいのまげあし おうにょう
尸	しかばね しかばねかんむり
屮 中	てつ めばえ
山	やまへん
川	さんぼんがわ
巛	まがりがわ
工	たくみへん
己	おのれ
巾	はばへん
干	かん いちじゅう
幺	いとがしら
广	まだれ
廴	えんにょう いんにょう
廾	にじゅうあし
弋	しきがまえ
弓	ゆみへん
彐 彑 ⺕	けいがしら
彡	さんづくり けかざり
彳	ぎょうにんべん
忄 心	りっしんべん
扌 手	てへん
氵 水	さんずい
犭 犬	けものへん
阝 邑	(右) おおざと
阝 阜	(左) こざとへん

四画

部首	名称
⺗ 心	したごころ
戈	ほこがまえ ほこづくり
戶 戸	とかんむり とだれ
手 扌	てへん
支	しにょう えだにょう
攴 攵	ぼくにょう ぼくづくり
文	ぶんにょう
斗	とます
斤	おのづくり
方	ほうへん かたへん
无 旡	むにょう
日	ひへん にちへん
曰	ひらび
月 月	つきへん
木	きへん
欠	あくび
止	とめへん
歹	がつへん
殳	るまた ほこづくり
毋	なかれ
比	ひ くらべる
毛	け
氏	うじ
气	きがまえ
氺 水	したみず
火 灬	ひへん れっか・れんが
爪	そうにょう
父	ちち
爻	こう まじわる
爿 丬	しょうへん
片	かたへん
牙	きばへん
牛 牜	うしへん
犬 犭	けものへん
王 玉	おうへん たまへん
礻 示	しめすへん
罒 㓁	あみがしら
耂 老	おいがしら おいかんむり
月 肉	にくづき
爫・⺤	つめかんむり
艹 艹	くさかんむり
辶 辶	しんにゅう しんにょう

五画

部首	名称
玄	げん くろ
瓦	かわら
甘	かん あまい
生	うまれる
用	もちいる
田	たへん
疋 𤴔	ひきへん

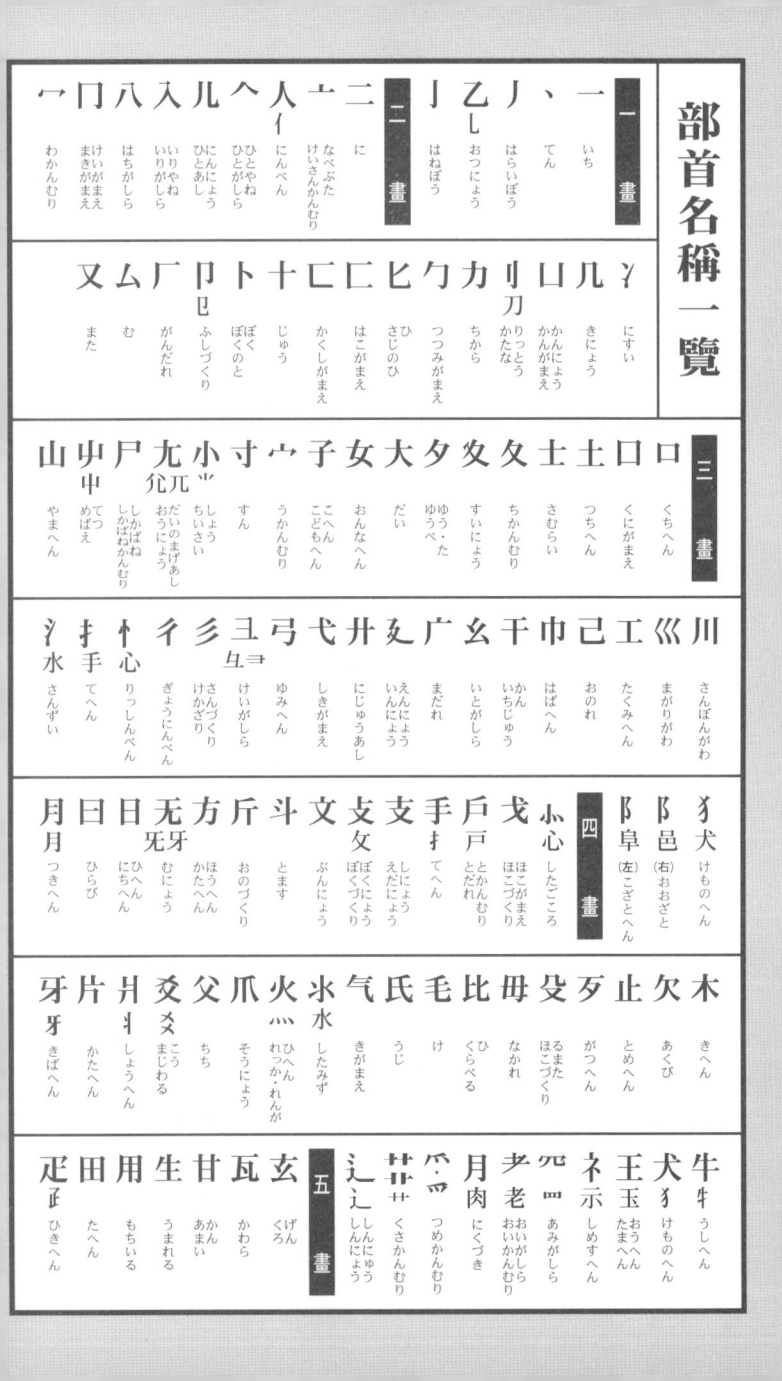

書・平澤咲縁

舊漢字字典

2010年10月10日　初版発行

企画編集　野ばら社編集部
発行者　志村文世
印刷製本　株式会社シナノパブリッシングプレス

発行所　株式会社　野ばら社
〒114-0024　東京都北区西ヶ原1丁目16番14号
電話　03-3910-6111・振替　00120-0-33953
http://www.nobarasha.co.jp

ISBN978-4-88986-225-6

音訓索引

★カタカナ＝音、ひらがな＝訓
★同音の場合は畫數順

あ

あ	安	20
ア	亞	37
アイ	哀	52
	愛	120
あい	相	57
	藍	165
あいだ	間	112
あう	合	19
	會	114
	遇	119
	遭	141
あえて	敢	106
あお	青	50
あおい	青	50
あおぐ	仰	18
あか	朱	24
	赤	35
あかい	赤	35
あかがね	銅	135
あかし	證	167
あがた	縣	152
あかつき	曉	151
あがなう	購	159
あがめる	崇	87
あがる	騰	169
あかるい	明	47
あき	秋	61
	朗	90
	章	92
	晶	105
	彰	129
	曉	151
	聰	159
	顯	174
あきなう	商	83
あきら	了	2
	全	19
	哲	70
	晟	90
	章	92
	晶	105
	皓	107
	彰	129
	顯	174
あきらか	明	47
	昭	60
あきらめる	諦	153
あきる	飽	135
アク	握	101
	惡	104
あく	空	49
あけ	朱	24
あげつらう	論	145
あけぼの	曙	161
あける	明	47
	開	112
あげる	上	2
	揚	101
	擧	156
あこがれる	憧	140
あさ	麻	95
	朝	105
あざ	字	20
あさい	淺	85
あざなう	糾	62
あざむく	欺	102
あざやか	鮮	160
あさる	漁	128
あし	足	35
	脚	90
あじ	味	40
あした	朝	105
あじわう	味	40
あずける	預	125
あずま	東	48
あせ	汗	21
あぜ	畔	75
あせる	焦	106
あそぶ	遊	119
あたい	値	64
	價	136
あたう	能	65
あたえる	與	114
あたたかい	溫	115
	暖	120
あたま	頭	154
あたらしい	新	117
あたり	邊	165
あたる	抵	43
	當	115
アツ	壓	155
あつ	溫	115
あつい	厚	52
	暑	120
	熱	142
	篤	152
あつかう	扱	31
あつし	厚	52
あつまる	集	112
あでやか	艶	175
あてる	充	19
あと	後	53
	跡	123
あな	孔	8
	穴	16
	坑	30
あなどる	侮	51
あに	兄	13
あね	姉	40
あばれる	暴	142
あびる	浴	69
あぶない	危	19
あぶら	油	42
	脂	74
あま	天	8
	尼	14
	雨	50
あまい	甘	16
あまねく	遍	119
あまねし	普	106
あまる	餘	154
あみ	網	132
あむ	編	144
あめ	天	8
	雨	50
あや	文	10
	采	48
	彩	85
	禮	162
あやうい	危	19
あやしい	怪	44
あやつる	操	149
あやまち	過	119
あやまる	誤	134
	謝	159
あゆむ	歩	33
あらい	荒	72
	粗	93
あらう	洗	54

あらがう	抗	31
あらかじめ	豫	152
あらず	非	50
あらそう	爭	48
あらた	新	117
あらたまる	革	63
	改	34
あららぎ	蘭	171
あらわす	表	50
	著	118
	露	172
あらわれる	現	89
	顯	174
あり	存	22
	有	22
ある	在	22
	有	22
あるく	步	33
あるじ	主	11
あれる	荒	72
あわ	泡	42
あわい	淡	84
あわせる	併	65
	慌	117
あわれ	哀	52
アン	安	20
	行	20
	案	67
	暗	120

い

イ	以	12
	衣	19
	位	26
	依	36
	易	48
	委	49
	威	57
	胃	59
	偉	80
	唯	83
	尉	85
	移	92
	圍	98
	萎	103
	爲	106
	異	107
	意	118
	違	119
	維	132
	慰	141
	緯	143
	遺	150
	醫	163
い	井	7
	圍	98
いう	云	6
	言	35
いえ	家	67
いえる	癒	162
いかる	怒	58
イキ	域	85
いき	息	73
	粹	133
いきおい	勢	114
いきどおる	憤	150
いきる	生	16
	活	54
イク	育	47
いく	行	20
	幾	102
いくさ	軍	53
	戰	150
いけ	池	21
いこう	憩	150
いさお	功	14
	勳	151
いさぎよい	潔	138
いざなう	誘	134
いさましい	勇	52
いさむ	勇	52
いさり	漁	128
いし	石	16
いしずえ	礎	162
いしぶみ	碑	121
いずみ	泉	61
いそ	磯	157
いそがしい	忙	21
いそぐ	急	58
いた	板	45
いだく	抱	44
いたす	致	60
いたずらに	徒	68
いただき	頂	95
いたむ	悼	88
	痛	108
	傷	113
	至	24
	到	39
いたわる	勞	96
イチ	一	1
	壹	99
いち	市	15
いちじるしい	著	118
イツ	一	1
	乙	1
	壹	99
	逸	104
いつ	五	7
いつくしむ	慈	130
いつつ	五	7
いつわる	詐	111
	僞	126
いで	出	12
いと	絲	109
いとぐち	緒	143
いとしい	愛	120
いとなむ	營	155
いどむ	挑	56
いな	否	29
	稻	143
いにしえ	古	13
いぬ	犬	9
いぬい	乾	81
いね	稻	143
いのしし	猪	98
いのち	命	38
いのる	祈	61
いばら	茨	72
いま	今	7
いましめる	戒	32
	警	170
いまだ	未	15
いむ	忌	33
いも	芋	32
いもうと	妹	40
いや	嫌	114
いやしい	卑	37
いやす	醫	163
いる	入	1
	居	42
	要	53
	射	79
	鑄	173
いれる	入	1
	容	67
いろ	色	25
いろどる	彩	85
いろり	爐	169
いわ	岩	44
	巖	174
いわう	祝	75
いわお	巖	174
いわく	曰	10
イン	允	7
	引	8

	印	19
	因	21
	姻	53
	音	63
	院	68
	員	78
	陰	83
	飲	125
	隱	155
	韻	168

う

ウ	右	13
	宇	20
	有	22
	羽	24
	芋	32
	雨	50
うい	初	34
	憂	139
うえ	上	2
うえる	栽	72
	飢	95
	植	103
	餓	154
うお	魚	95
うかがう	伺	26
うかぶ	浮	69
うく	浮	69
うけたまわる	承	50
うける	享	38
	受	48
	請	145
うごく	動	81
うし	丑	5
	牛	9
うじ	氏	9
うしなう	失	17
	喪	98
うしろ	後	53
うず	渦	99
うすい	薄	157
うた	詩	124
	歌	130
うたい	謠	159
うたう	歌	130
	謠	159
うたがう	疑	132
うたげ	宴	67
うち	中	6
	內	6
	家	67
うつ	打	15
	伐	18
	拍	43
	討	79
	擊	156
うつくしい	美	62
うつす	寫	137
うったえる	訴	111
うつる	映	59
	移	92
	遷	151
うつわ	器	148
うで	腕	105
うとい	疎	108
うながす	促	51
うなじ	項	112
うね	采	48
	畝	76
うばう	奪	131
うぶ	產	91
うべなう	諾	153
うま	午	5
	馬	79
うまい	巧	14
	旨	23
うまや	驛	174
うまれる	生	16
うみ	海	69
うむ	產	91
うめ	梅	88
うめる	埋	70
うもれる	埋	70
うやうやしい	恭	73
うやまう	敬	120
うら	浦	69
	裏	114
うらなう	占	13
うらむ	恨	57
	憾	150
うる	得	82
	賣	138
うるおう	潤	138
うるし	漆	128
うるむ	潤	138
うるわしい	麗	168
うれい	愁	118
	憂	139
うれえる	愁	118
うれる	熟	142
ウン	云	6
	雲	112
	運	119

え

エ	衣	19
	回	21
	依	36
	惠	104
	會	114
	慧	141
	衞	148
	壞	164
	繪	166
え	兄	13
	江	21
	枝	45
	柄	57
	重	60
	餌	146
エイ	永	14
	泳	41
	英	58
	映	59
	詠	111
	榮	130
	影	138
	銳	146
	衞	148
	營	155
えがく	描	101
	畫	107
エキ	役	28
	易	48
	疫	62
	益	75
	液	84
	驛	174
えさ	餌	146
えだ	枝	45
エツ	曰	10
	悅	71
	越	111
	閱	146
	謁	153
えな	胞	59
えむ	笑	77
えらい	偉	80
えらぶ	擇	149
	選	150
えり	襟	162
える	得	82
	獲	155
エン	延	28
	沿	41

	炎	49
	垣	55
	宴	67
	媛	97
	援	101
	猿	114
	圓	114
	園	114
	煙	120
	鉛	125
	演	128
	遠	131
	縁	143
	艶	175
	鹽	176

お

オ	汚	21
	和	49
	惡	104
お	小	4
	夫	8
	尾	30
	男	34
	御	97
	雄	112
	緒	143
おいる	老	25
オウ	王	9
	凹	12
	央	14
	往	40
	押	43
	皇	61
	翁	77
	黄	113
	奥	115
	歐	140
	毆	142
	横	150
	應	156
	櫻	171
おう	負	63
	追	73
	逐	89
おうぎ	扇	74
おお	太	8
おおい	多	22
おおう	被	75
	覆	162
おおきい	大	4
	巨	12
おおせ	仰	18
おおとり	鵬	166
おおむね	概	140
おおやけ	公	7
おか	丘	11
	陸	83
おかす	犯	14
	侵	51
	冒	62
おがむ	拝	56
おき	沖	30
	興	147
おきな	翁	77
おぎなう	補	107
おきる	起	79
オク	屋	55
	億	136
	憶	150
	臆	157
おく	措	86
	奥	115
	置	121
おくる	送	73
	贈	167
おくれる	後	53
	遅	151
おけ	槽	140
おこす	起	79
	興	147
おごそか	嚴	169
おこたる	怠	58
おこなう	行	20
おこる	怒	58
	起	79
おさ	伯	26
	長	50
おさえる	抑	31
	押	43
	壓	155
おさない	幼	13
おさむ	修	64
	統	109
	藏	165
おさめる	收	23
	治	41
	修	64
	納	77
おしい	惜	88
おしえる	教	91
おす	押	43
	推	86
	雄	112
おそい	遅	151
おそう	襲	173
おそれ	虞	122
おそれる	怖	45
	恐	73
おそわる	教	91
おだやか	穏	166
おちいる	陥	83
おちる	落	118
	墜	139
	墮	139
オツ	乙	1
おっと	夫	8
おと	乙	1
	音	63
おとうと	弟	36
おとこ	男	34
おとしいれる	陥	83
おどす	威	57
	脅	66
	嚇	155
おとずれる	訪	95
おとる	劣	25
おどる	踊	133
	躍	172
おとろえる	衰	66
おどろく	驚	174
おなじ	同	18
おに	鬼	80
おの	斤	9
おのおの	各	22
おのずから	自	24
おのれ	己	3
おび	帯	87
おびやかす	脅	66
おびる	帯	87
おぼえる	憶	150
	覺	170
おみ	臣	27
おみな	女	3
おも	主	11
	面	64
おもい	重	60
おもう	思	58
	想	118
	憶	150
おもて	表	50
	面	64
おもむき	趣	146
おもむく	赴	63
おもむろ	徐	68
おもり	錘	154

おもんぱかる 慮 144
おや 親 153
およぐ 泳 41
およそ 凡 2
およぶ 及 5
おり 折 31
おりる 下 2
降 54
おる 折 31
織 162
おろか 愚 118
おろし 卸 52
おろす 卸 52
おろそか 疎 108
おわる 了 2
終 92
オン 音 63
恩 73
園 114
溫 115
遠 131
隱 155
穩 166
おん 御 97
おんな 女 3

か

カ 下 2
化 5
火 10
加 13
可 13
何 26
佳 36
河 41
花 46
果 46
架 57
苛 58
科 61
個 64
家 67
夏 70
假 80
掛 86
荷 88
貨 94
渦 99
華 103
菓 103
嫁 114
過 119
暇 120
靴 125
寡 126
歌 130
禍 132
箇 133
價 136
樺 140
稼 143
課 145
か 日 10
香 63
蚊 78
ガ 我 32
河 41
芽 46
畫 107
賀 110
雅 112
餓 154
カイ 介 7
刈 8
灰 18
回 21
快 32
戒 32
改 34
屆 42
拐 43
怪 44
界 61
皆 61
海 69
悔 71
械 88
街 97
階 98
開 112
會 114
塊 116
解 124
壞 164
懷 165
繪 166
かい 貝 35
ガイ 刈 8
外 15
劾 37
害 67
涯 84
街 97
該 123
慨 129
蓋 130
概 140
礙 166
かいこ 蠶 175
かいな 腕 105
かう 交 18
買 106
飼 135
かえ 替 106
かえす 返 46
かえって 却 27
かえりみる 省 62
顧 172
かえる 反 7
復 98
換 101
替 106
還 157
歸 161
變 174
がえんずる 肯 47
かお 顏 164
かおり 香 63
かおる 香 63
薰 161
かが 利 27
かかえる 抱 44
かかげる 揭 101
かがみ 鏡 167
鑑 174
かがむ 屈 42
かがやく 輝 145
燿 161
耀 170
かかり 係 51
掛 86
かかる 係 51
掛 86
かかわる 拘 43
關 167
かき 垣 55
かぎる 限 54
カク 各 22
角 35
客 53
革 63
格 72
核 72
郭 82
殼 106
畫 107

	隔	115
	較	123
	閣	135
	確	142
	獲	155
	嚇	155
	擴	161
	穫	166
	覺	170
かく	書	74
ガク	樂	141
	學	148
	嶽	156
	額	164
かくす	匿	81
かくれる	匿	81
	隱	155
かげ	陰	83
	景	105
	影	138
かける	架	57
	缺	78
	掛	86
	翔	110
	賭	152
	懸	169
	驅	172
かこむ	圍	98
かさ	傘	96
かざ	風	63
かさねる	重	60
	累	92
かざる	飾	135
かし	貸	110
かしぐ	炊	48
かしこい	賢	152
かしら	頭	154
かす	春	60
	貸	110
かず	知	49
	和	49
	員	78
	壹	99
	數	142
かすか	幽	51
	微	114
かぜ	風	63
かせぐ	稼	143
かぞえる	算	133
	數	142
かた	片	9
	方	10
	形	32
	肩	47
	型	55
	潟	138
かたい	堅	100
	硬	106
	難	167
かたき	敵	142
かたくな	頑	125
かたじけない	辱	65
かたち	形	32
かたどる	象	110
かたな	刀	1
かたまり	塊	116
かたまる	固	40
かたむく	傾	113
かたよる	偏	81
かたる	語	134
かたわら	傍	96
カツ	合	19
	活	54
	括	55
	割	97
	喝	98
	渴	99
	滑	115
	葛	118
	褐	131
	轄	159
かつ	且	11
	克	27
	勝	104
ガツ	月	10
ガッ	合	19
かつぐ	擔	149
かつみ	克	27
かて	糧	162
かど	角	35
かな	金	50
かなう	協	37
	適	141
かなしい	悲	104
かなでる	奏	64
かなめ	中	6
	要	53
かならず	必	16
かね	金	50
	鐘	170
かねる	兼	66
かの	彼	40
かのと	辛	35
かば	樺	140
かばね	姓	40
かぶ	株	72
かべ	壁	149
かま	窯	142
	鎌	163
かまえる	構	130
かみ	上	2
	神	75
	紙	77
	髮	146
かみなり	雷	124
かめ	瓶	121
	龜	154
かもす	釀	175
かよう	通	89
から	空	49
	唐	71
	殼	106
がら	柄	57
からい	辛	35
からだ	體	175
からむ	絡	109
かり	狩	54
	假	80
かりる	候	64
かる	刈	8
	狩	54
かるい	輕	133
かれ	彼	40
かれる	枯	57
かろやか	輕	133
かわ	川	3
	皮	17
	河	41
	革	63
	側	80
かわく	乾	81
	渇	99
	燥	157
かわる	代	11
	變	174
カン	干	4
	刊	13
	甘	16
	甲	16
	汗	21
	完	27
	肝	33
	卷	38
	官	39
	冠	53
	看	62

	乾	81
	勘	81
	陷	83
	患	88
	貫	94
	寒	97
	喚	98
	堪	100
	換	101
	棺	102
	款	102
	敢	106
	閒	112
	閑	112
	幹	117
	感	117
	漢	128
	慣	129
	管	133
	寬	137
	緩	143
	監	143
	憾	150
	環	157
	還	157
	韓	160
	館	160
	簡	162
	關	167
	勸	168
	艦	171
	歡	173
	鑑	174
	罐	175
	觀	176
かん	神	75
ガン	丸	2
	元	7
	含	29
	岸	44
	岩	44
	眼	92
	頑	125
	顏	164
	願	167
	巖	174
かんがえる	考	25
かんばしい	芳	46
かんむり	冠	53

き

キ	己	3
	危	19
	企	19
	机	23
	肌	23
	汽	30
	希	31
	岐	32
	忌	33
	奇	42
	季	49
	祈	61
	紀	62
	軌	63
	姬	67
	氣	72
	起	79
	記	79
	鬼	80
	寄	81
	基	86
	崎	87
	既	89
	飢	95
	規	95
	喜	99
	揮	101
	幾	102
	棋	103
	期	105
	貴	110
	棄	117
	旗	131
	輝	145
	器	148
	機	150
	龜	154
	磯	157
	歸	161
	騎	164
	犧	169
き	木	9
	生	16
	城	70
	黄	113
	樹	150
	藝	165
ギ	技	31
	岐	32
	宜	39
	欺	102
	義	122
	僞	126
	疑	132
	儀	136
	擬	156
	戲	156
	犧	169
	議	170
きえる	消	69
キク	菊	103
きく	利	27
	效	74
	聞	136
	聽	173
きさき	妃	20
	后	22
きざし	兆	19
きざす	兆	19
きざはし	階	98
きざむ	刻	39
きし	岸	44
きず	創	97
	傷	113
きずく	築	152
きた	北	12
きたえる	鍛	159
きたす	來	38
きたない	汚	21
きたる	來	38
キチ	吉	22
キツ	吉	22
	喫	98
	詰	123
きぬ	衣	19
	絹	122
きのえ	甲	16
きのと	乙	1
きびしい	嚴	169
きまる	決	30
きみ	公	7
	后	22
	君	29
	皇	61
きめる	決	30
きも	肝	33
	膽	157
キャ	脚	90
キャク	却	27
	客	53
	脚	90
ギャク	虐	62
	逆	73
キュウ	九	1
	久	3

	弓	4
	及	5
	丘	11
	休	18
	朽	23
	吸	29
	究	34
	求	36
	泣	41
	急	58
	糾	62
	宮	67
	級	76
	球	89
	救	91
	給	108
	窮	142
	舊	161
ギュウ	牛	9
きよ	潔	138
キョ	巨	12
	去	15
	居	42
	拒	43
	据	86
	許	94
	距	110
	虚	110
	據	149
	擧	156
ギョ	魚	95
	御	97
	漁	128
きよい	淨	84
	清	84
キョウ	凶	6
	兄	13
	叫	20
	共	24
	狂	29
	供	36
	協	37
	享	38
	京	38
	況	41
	香	63
	脅	66
	狹	68
	挾	70
	峽	71
	校	72
	恐	73
	恭	73
	胸	74
	教	91
	强	102
	景	105
	鄉	114
	敬	120
	經	122
	境	129
	競	132
	慶	139
	興	147
	橋	150
	矯	158
	鏡	167
	響	173
	驚	174
ギョウ	仰	18
	行	20
	形	32
	刑	38
	堯	96
	業	117
	凝	147
	曉	151
キョク	曲	25
	局	30
	極	103
ギョク	玉	17
きよし	潔	138
きよめる	清	84
きらう	嫌	114
きり	霧	167
きる	切	7
	伐	18
	着	110
きれ	布	15
きわ	際	127
きわめる	究	34
	極	103
	窮	142
キン	斤	9
	今	7
	均	30
	近	46
	金	50
	訓	79
	菌	104
	琴	104
	筋	109
	勤	113
	禁	121
	緊	144
	襟	162
	謹	163
ギン	吟	28
	銀	135

く

ク	九	1
	久	3
	口	3
	工	4
	公	7
	孔	8
	丘	11
	句	12
	功	14
	供	36
	苦	58
	紅	62
	宮	67
	庫	71
	貢	78
	區	81
	驅	172
グ	弘	15
	求	36
	具	49
	愚	118
	虞	122
くいる	悔	71
クウ	空	49
くう	食	63
グウ	宮	67
	偶	80
	隅	98
	遇	119
くが	陸	83
くき	莖	88
くくる	括	55
くさ	草	73
くさい	臭	78
くさり	鎖	163
くさる	腐	129
くし	奇	42
くじら	鯨	168
くず	葛	118
くすり	藥	165
くずれる	崩	87
くせ	曲	25
	癖	162
くだ	管	133
くだく	碎	121

くだる	下	2
くだん	件	18
くち	口	3
くちびる	唇	65
くちる	朽	23
クツ	屈	42
	掘	86
	堀	86
くつ	靴	125
くつがえる	覆	162
くに	邦	28
	國	83
くばる	配	79
くび	首	63
くぼむ	凹	12
くみ	組	93
くむ	酌	79
	組	93
くも	雲	112
くもる	曇	151
くやしい	悔	71
くやむ	悔	71
くら	倉	66
	庫	71
	藏	165
くらい	位	26
	暗	120
くらべる	比	9
	校	72
	較	123
くる	來	38
	繰	166
くるう	狂	29
くるしい	苦	58
くるま	車	35
くるわ	郭	82
くれ	呉	29
くれない	紅	62
くれる	暮	141
くろ	玄	16
	黑	113
くろい	黑	113
くろがね	鐵	172
くわ	桑	72
くわえる	加	13
くわしい	委	49
	詳	124
	精	133
くわだてる	企	19
クン	君	29
	訓	79
	勳	151
	薫	161
グン	軍	53
	郡	67
	群	122
け		
ケ	化	5
	希	31
	怪	44
	家	67
	氣	72
	假	80
	掛	86
	華	103
	懸	169
け	毛	9
ゲ	下	2
	外	15
	夏	70
	華	103
	解	124
	礙	166
ケイ	兄	13
	形	32
	系	35
	京	38
	刑	38
	係	51
	型	55
	契	55
	計	63
	徑	68
	莖	88
	啓	90
	揭	101
	惠	104
	景	105
	傾	113
	溪	115
	携	116
	敬	120
	經	122
	境	129
	輕	133
	慶	139
	慧	141
	憩	150
	螢	152
	繼	169
	警	170
	鷄	172
ゲイ	迎	46
	藝	165
	鯨	168
けがす	汚	21
ゲキ	逆	73
	劇	137
	激	148
	擊	156
けす	消	69
けずる	削	52
ケツ	穴	16
	血	25
	決	30
	缺	78
	傑	96
	結	108
	潔	138
ゲツ	月	10
けみする	閲	146
けむり	煙	120
けむる	煙	120
けもの	獸	165
けわしい	險	148
ケン	犬	9
	件	18
	見	35
	券	38
	卷	38
	肩	47
	建	53
	兼	66
	拳	70
	軒	79
	健	80
	乾	81
	圈	83
	硏	91
	堅	100
	間	112
	嫌	114
	絹	122
	遣	131
	儉	137
	劍	137
	監	143
	憲	147
	險	148
	賢	152
	縣	152
	檢	156
	謙	159
	繭	165
	懸	169

獻 169
權 173
顯 174
驗 174
ゲン 元 7
幻 8
玄 16
言 35
弦 44
限 54
彥 55
原 65
拳 70
現 89
眼 92
減 99
嫌 114
源 115
嚴 169
驗 174

こ

コ 己 3
戸 10
古 13
去 15
冴 19
呼 40
固 40
孤 54
弧 56
枯 57
故 60
個 64
庫 71
湖 99
雇 105
虛 110
誇 124
鼓 125
箇 133
據 149
顧 172
こ 子 3
小 4
木 9
兒 38
粉 77
黃 113
ゴ 午 5
互 6
五 7
牛 9
冴 19
后 22
吳 29
後 53
娛 68
悟 71
御 97
期 105
碁 121
誤 134
語 134
護 172
こい 濃 148
戀 174
こいしい 戀 174
コウ 口 3
工 4
公 7
孔 8
功 14
巧 14
弘 15
甲 16
交 18
仰 18
好 20
行 20
光 21
向 21
江 21
后 22
亙 23
考 25
坑 30
抗 31
更 33
孝 34
攻 34
幸 43
拘 43
岬 44
肯 47
侯 51
厚 52
後 53
郊 53
洪 54
降 54
恆 57
皇 61
紅 62
香 63
候 64
高 66
浩 69
校 72
荒 72
效 74
耕 78
耗 78
航 78
貢 78
控 86
康 87
港 99
硬 106
皓 107
絞 108
項 112
黃 113
溝 115
慌 117
較 123
構 130
綱 132
酵 134
廣 139
稿 143
興 147
衡 148
鋼 153
講 159
購 159
鑛 174
こう 神 75
請 145
戀 174
ゴウ 合 19
迎 46
拷 56
剛 66
强 102
鄕 114
業 117
號 122
豪 126
こうべ 首 63
頭 154
こうむる 被 75
こえ 肥 47
聲 159
こえる 肥 47
越 111

こえる	超	112
こおり	氷	14
	郡	67
こおる	凍	66
コク	石	16
	克	27
	告	29
	谷	29
	刻	39
	國	83
	黑	113
	酷	134
	穀	142
こく	扱	31
ゴク	極	103
	獄	127
こげる	焦	106
こごえる	凍	66
ここのつ	九	1
こころ	心	9
こころざし	志	33
こころざす	志	33
こころみる	試	124
こころよい	快	32
こし	腰	119
こす	越	111
	超	112
こずえ	梢	88
こする	摩	146
こたえ	答	109
こたえる	答	109
	應	156
コツ	骨	80
	滑	115
こと	言	35
	事	37
	殊	71
	琴	104
	異	107
ごと	毎	34
ごとし	如	20
ことなる	異	107
ことば	詞	111
ことぶき	壽	127
ことわり	理	90
ことわる	斷	161
こな	粉	77
このむ	好	20
こばむ	拒	43
こぶし	拳	70
こまかい	細	92
こまる	困	29
こみち	徑	68
こむ	込	23
こめ	米	23
こめる	込	23
こやす	肥	47
こよみ	暦	147
こらえる	堪	100
こらす	凝	147
	懲	165
こりる	懲	165
こる	凝	147
これ	之	3
	是	60
	維	132
ころがす	轉	163
ころす	殺	91
ころぶ	轉	163
ころも	衣	19
こわ	聲	159
こわい	怖	45
こわす	壞	164
コン	今	7
	困	29
	近	46
	昆	48
	金	50
	建	53
	恨	57
	根	72
	婚	82
	混	84
	紺	92
	魂	136
	墾	149
	懇	157
	獻	169
ゴン	言	35
	勤	113
	嚴	169
	權	173

さ

サ	左	14
	再	24
	作	26
	佐	26
	査	58
	砂	61
	唆	68
	茶	73
	差	78
	詐	111
	鎖	163
さ	小	4
	五	7
	早	23
ザ	座	70
サイ	才	3
	切	7
	再	24
	西	25
	材	32
	災	34
	妻	40
	采	48
	宰	67
	栽	72
	財	78
	彩	85
	採	86
	殺	91
	祭	92
	細	92
	裁	102
	菜	104
	最	105
	債	113
	催	113
	載	117
	歳	117
	碎	121
	齊	126
	際	127
	濟	155
	齋	157
ザイ	在	22
	材	32
	財	78
	罪	121
	劑	147
	濟	155
さいわい	幸	43
さえぎる	遮	141
さえる	冴	19
さか	坂	30
	酒	69
さが	性	45
さかい	界	61
	境	129
さかえる	榮	130
さがす	探	87
	捜	116
さかずき	杯	45
さかな	魚	95

さからう 逆 73
さかり 盛 107
さき 先 19
崎 87
福 132
サク 册 12
作 26
削 52
昨 59
索 77
策 109
酢 111
搾 116
錯 154
さく 析 45
咲 54
割 97
裂 109
さくら 櫻 171
さぐる 探 87
さけ 酒 69
さけぶ 叫 20
さける 避 157
さげる 下 2
提 101
さこ 迫 59
ささえる 支 9
ささる 刺 39
さす 刺 39
指 56
差 78
插 101
さずける 授 86
さそう 誘 134
さだ 貞 62
禎 132
さだめる 定 39
さち 幸 43
祐 75
祥 92
福 132
サツ 册 12
札 15
刷 39
刹 52
殺 91
察 126
撮 139
擦 156
サッ 早 23
ザツ 雜 163
さと 里 33
鄕 114
さとし 哲 70
聖 119
慧 141
聰 159
さとす 諭 153
さとる 了 2
悟 71
慧 141
曉 151
さね 實 127
さばく 裁 102
さびしい 寂 81
さま 樣 140
さます 覺 170
さまたげる 妨 28
礙 166
さむい 寒 97
さむらい 士 3
侍 37
さめる 冷 27
覺 170
さら 皿 16
さらに 更 33
さる 去 15
申 16
猿 114
ざれる 戲 156
さわ 澤 149
さわぐ 騷 170
さわる 障 127
觸 170
サン 三 2
山 4
杉 32
參 85
產 91
傘 96
棧 103
散 106
慘 129
算 133
酸 134
贊 167
蠶 175
讚 176
ザン 殘 102
慘 129
暫 141
さんじゅう 卅 5

し

シ 士 3
子 3
之 3
支 9
氏 9
止 10
仕 11
司 13
四 14
史 14
市 15
示 16
矢 17
次 19
死 22
旨 23
至 24
自 24
伺 26
芝 33
志 33
私 34
使 37
侍 37
刺 39
始 39
姉 40
枝 45
肢 47
姿 53
指 56
思 58
施 60
祉 61
師 70
脂 74
紙 77
視 107
紫 109
絲 109
詞 111
嗣 114
資 123
詩 124
試 124
漬 128
誌 134
雌 135
飼 135
賜 145
齒 147
諮 153

ジ	二	1
	仕	11
	示	16
	次	19
	字	20
	地	21
	耳	24
	自	24
	寺	25
	似	26
	事	37
	侍	37
	兒	38
	治	41
	持	56
	除	68
	時	74
	貳	100
	滋	115
	慈	130
	磁	143
	餌	146
	璽	165
	辭	167
じ	路	123
しあわせ	幸	43
しいたげる	虐	62
しいる	强	102
しお	潮	138
	鹽	176
しかし	併	65
シキ	式	22
	色	25
	織	162
	識	167
ジキ	直	49
	食	63
しきりに	頻	154
しく	敷	142
ジク	軸	111
しげ	成	32
	滋	115
しげる	茂	58
	滋	115
	繁	159
しこ	醜	159
しずか	靜	153
しずく	滴	128
しずむ	沈	30
しずめる	鎭	163
した	下	2
	舌	24
したう	慕	141
したがう	殉	71
	從	82
	循	97
	順	112
	隨	148
	遵	150
したしい	親	153
したたる	滴	128
シチ	七	1
	質	145
シツ	七	1
	失	17
	室	53
	疾	76
	執	96
	漆	128
	質	145
	濕	155
ジツ	日	10
	實	127
ジッ	十	1
しな	品	54
	科	61
しぬ	死	22
しのぶ	忍	33
しば	芝	33
しばらく	暫	141
しばる	縛	152
しぶい	澁	138
しぼる	絞	108
	搾	116
しま	州	24
	島	71
しみる	染	55
しめす	示	16
しめる	占	13
	閉	95
	絞	108
	締	143
	濕	155
しも	下	2
	霜	159
しもべ	僕	126
シャ	車	35
	舍	38
	社	49
	卸	52
	者	60
	砂	61
	射	79
	捨	86
	斜	90
	赦	91
	煮	120
	寫	137
	遮	141
	謝	159
ジャ	邪	28
	蛇	94
シャク	勺	2
	尺	8
	石	16
	赤	35
	昔	48
	候	64
	酌	79
	爵	161
	釋	170
ジャク	若	58
	弱	71
	寂	81
	着	110
	籍	169
シュ	手	10
	主	11
	守	20
	朱	24
	取	38
	狩	54
	首	63
	修	64
	酒	69
	殊	71
	株	72
	珠	74
	衆	110
	櫻	117
	種	132
	需	135
	趣	146
ジュ	入	1
	受	48
	珠	74
	從	82
	授	86
	就	101
	壽	127
	需	135
	儒	147
	樹	150
シュウ	囚	14
	收	23
	州	24

	舟	24
	秀	34
	宗	39
	周	40
	拾	56
	柊	57
	秋	61
	修	64
	祝	75
	臭	78
	終	92
	習	93
	執	96
	就	101
	週	104
	衆	110
	集	112
	愁	118
	酬	124
	醜	159
	襲	173
ジュウ	十	1
	汁	14
	充	19
	住	26
	拾	56
	柔	58
	重	60
	從	82
	集	112
	銃	135
	澁	138
	縱	158
	獸	165
シュク	叔	38
	祝	75
	宿	82
	淑	84
	肅	122
	縮	158
ジュク	塾	129
	熟	142
シュツ	出	12
ジュツ	述	58
	術	82
シュン	俊	51
	春	60
	舜	106
	準	115
	瞬	158
ジュン	旬	19
	巡	33
	盾	62
	准	66
	殉	71
	純	77
	循	97
	順	112
	準	115
	潤	138
	遵	150
ショ	初	34
	所	48
	書	74
	庶	87
	處	93
	渚	99
	暑	120
	署	131
	緒	143
	諸	153
	曙	161
ジョ	女	3
	如	20
	助	27
	序	32
	徐	68
	除	68
	敍	90
ショウ	上	2
	小	4
	升	5
	井	7
	少	8
	正	11
	召	13
	生	16
	匠	18
	肖	30
	抄	31
	床	32
	姓	40
	沼	41
	尚	42
	招	43
	松	45
	性	45
	昇	48
	承	50
	青	50
	咲	54
	相	57
	昭	60
	星	60
	省	62
	宵	67
	消	69
	渉	69
	症	76
	笑	77
	唱	82
	從	82
	商	83
	清	84
	梢	88
	莊	88
	將	89
	章	92
	紹	92
	祥	92
	訟	95
	勝	104
	掌	105
	晶	105
	焦	106
	硝	107
	粧	109
	翔	110
	象	110
	詔	111
	傷	113
	裝	118
	聖	119
	照	121
	詳	124
	障	127
	彰	129
	奬	129
	稱	132
	精	133
	衝	137
	賞	139
	憧	140
	燒	151
	償	155
	礁	158
	縱	158
	聲	159
	證	167
	鐘	170
ジョウ	上	2
	丈	2
	冗	8
	成	32
	定	39
	狀	46

	乗	65
	娘	67
	城	70
	條	81
	淨	84
	常	85
	情	88
	晟	90
	剩	97
	場	100
	盛	107
	蒸	130
	靜	153
	錠	154
	繩	166
	孃	168
	壤	169
	疊	173
	穰	173
	讓	175
	釀	175
じょう	尉	85
ショク	式	22
	色	25
	食	63
	殖	102
	植	103
	飾	135
	織	162
	職	163
	識	167
	觸	170
	屬	171
	囑	175
ジョク	辱	65
しら	白	16
じらす	焦	106
しらせる	報	100
しらべる	調	145
	檢	156
しりぞく	退	73
しりぞける	斥	12
しる	汁	14
	知	49
	識	167
しるし	印	19
	徵	137
	標	140
	璽	165
	驗	174
しるす	記	79
	誌	134
	標	140
しるべ	標	140
しろ	代	11
	白	16
	城	70
しろい	皓	107
しろがね	銀	135
シン	心	9
	申	16
	伸	26
	臣	27
	辛	35
	身	35
	芯	46
	侵	51
	信	51
	津	54
	唇	65
	娠	68
	浸	69
	振	70
	晉	74
	神	75
	眞	76
	針	79
	深	84
	紳	93
	森	103
	進	104
	診	111
	新	117
	愼	117
	寢	126
	槇	130
	審	137
	請	145
	震	146
	親	153
	薪	156
ジン	人	1
	刃	4
	仁	5
	壬	5
	臣	27
	沈	30
	迅	33
	甚	64
	陣	68
	神	75
	尋	100
	盡	131

す

ス	子	3
	主	11
	守	20
	首	63
	素	77
	壽	127
	數	142
す	州	24
	巢	85
	酢	111
ズ	豆	35
	事	37
	圖	127
	頭	154
スイ	水	10
	出	12
	吹	28
	垂	37
	炊	48
	帥	56
	衰	66
	推	86
	遂	119
	睡	122
	翠	133
	粹	133
	醉	146
	錘	154
	穗	158
	髓	175
すい	酸	134
ズイ	隨	148
	髓	175
スウ	崇	87
	樞	140
	數	142
すう	吸	29
すえ	末	15
	季	49
すえる	据	86
すがた	姿	53
すぎ	杉	32
すぎる	過	119
すく	好	20
	透	89
ずく	銑	135
すくう	救	91
すくない	少	8
すぐる	英	58
すぐれる	優	155
すけ	介	7

右 13
助 27
祐 75
資 123
すこし 少 8
すこやか 健 80
すじ 筋 109
すず 鈴 125
すすぐ 濯 156
すずしい 涼 84
すすむ 迪 59
晉 74
進 104
龜 154
すすめる 奬 129
薦 157
勸 168
すたれる 廢 140
すでに 既 89
すてる 捨 86
棄 117
すな 砂 61
すなわち 乃 1
則 52
卽 52
すべ 術 82
すべて 總 158
すべる 統 109
滑 115
すまう 住 26
すみ 角 35
炭 56
純 77
隅 98
澄 138
墨 146
すみやか 速 89
すむ 住 26
澄 138
濟 155
すめら 皇 61
する 刷 39
抹 44
摩 146
磨 154
擦 156
するどい 鋭 146
すれる 擦 156
すわる 座 70
スン 寸 3

せ

セ 世 11
施 60
せ 背 59
畝 76
瀨 164
ゼ 是 60
セイ 井 7
世 11
正 11
生 16
西 25
成 32
制 39
姓 40
征 40
性 45
青 50
牲 57
星 60
省 62
清 84
情 88
逝 89
晟 90
壻 100
晴 105
盛 107
勢 114
歳 117
聖 119
靖 122
齊 126
製 133
精 133
誓 134
誠 134
請 145
整 151
靜 153
聲 159
せい 背 59
ゼイ 稅 108
說 134
セキ 夕 4
尺 8
斥 12
石 16
赤 35
析 45
昔 48
席 70
隻 79
寂 81
惜 88
責 94
跡 123
潟 138
積 152
績 158
籍 169
せき 關 167
セチ 節 144
セツ 切 7
折 31
拙 43
刹 52
接 86
殺 91
雪 95
設 95
說 134
節 144
攝 171
竊 173
ゼツ 舌 24
絕 108
ぜに 錢 154
せばまる 狹 68
せまい 狹 68
せまる 迫 59
せめる 攻 34
責 94
セン 川 3
千 3
山 4
仙 11
占 13
先 19
宣 53
洗 54
染 55
泉 61
栓 72
扇 74
專 85
淺 85
旋 91
船 94
棧 103
詮 123
銑 135
潛 138
線 143
踐 144

選 150
戰 150
遷 151
錢 154
薦 157
鮮 160
纖 174
ゼン　全 19
染 55
前 59
善 110
漸 128
禪 158
繕 162

そ

ソ　阻 40
祖 75
租 76
素 77
措 86
粗 93
組 93
疎 108
訴 111
塑 116
想 118
礎 162
そ　十 1
ゾ　曾 106
ソウ　卅 5
早 23
扱 31
壯 33
走 35
宗 39
爭 48
相 57
奏 64
倉 66
桑 72
草 73
送 73
巢 85
掃 87
莊 88
曹 90
窓 91
創 97
喪 98
插 101
曾 106
搜 116
椶 117
葬 118
想 118
裝 118
僧 126
層 138
槽 140
遭 141
箱 144
瘦 146
操 149
燥 157
總 158
聰 159
霜 159
雙 164
繰 166
藻 169
騷 170
そう　沿 41
副 81
添 84
ゾウ　造 89
曹 90
象 110
像 126
增 139
憎 140
雜 163
藏 165
贈 167
臟 174
ぞう　三 2
そうろう　候 64
そえる　添 84
ソク　束 29
足 35
促 51
則 52
卽 52
息 73
側 80
速 89
測 99
ゾク　俗 51
族 91
賊 123
屬 171
續 171
そこ　底 44
そこなう　害 67
損 116
賊 123
そそぐ　注 41
そそのかす　唆 68
そぞろ　漫 128
そだてる　育 47
ソツ　卒 37
帥 56
率 81
そと　外 15
そなえる　供 36
備 96
そなわる　具 49
その　園 114
そば　側 80
そむく　背 59
そめる　初 34
染 55
そら　空 49
そる　反 7
それがし　某 57
ソン　存 22
村 32
孫 68
巽 97
尊 100
損 116
ゾン　存 22

た

タ　太 8
他 11
多 22
駄 136
た　手 10
田 17
ダ　打 15
妥 34
蛇 94
惰 102
駄 136
墮 139
タイ　大 4
太 8
代 11
待 53
耐 55
帝 56
怠 58
胎 59
退 73
泰 75

帶 87
袋 93
隊 99
逮 104
替 106
貸 110
臺 127
滯 128
態 130
對 131
黛 160
體 175
たい 鯛 168
ダイ 乃 1
大 4
内 6
代 11
弟 36
第 93
提 101
臺 127
題 164
たいら 平 13
たえ 妙 28
たえる 耐 55
堪 100
絕 108
たおれる 倒 64
たか 孝 34
卓 38
崇 87
隆 99
貴 110
敬 120
譽 170
たかい 高 66
たがい 互 6
たがえる 違 119
たかし 大 4
孝 34
崇 87
堯 96
隆 99
貴 110
敬 120
たがやす 耕 78
たから 財 78
寶 168
たき 瀧 164
たきぎ 薪 156
タク 宅 20
卓 38
拓 43
度 56
託 79
啄 83
琢 104
擇 149
澤 149
濯 156
たく 炊 48
ダク 濁 148
諾 153
だく 抱 44
たぐい 類 168
たくみ 工 4
巧 14
匠 18
たくわえる 貯 110
蓄 130
たけ 丈 2
竹 24
武 42
健 80
豪 126
嶽 156
たけし 武 42
威 57
剛 66
健 80
猛 83
雄 112
豪 126
たしか 確 142
だす 出 12
たすく 翼 163
たすける 助 27
扶 31
援 101
たずさえる 携 116
たずねる 訪 95
尋 100
ただ 忠 46
唯 83
維 132
たたえる 稱 132
讚 176
たたかう 戰 150
鬭 176
ただし 但 26
忠 46
迪 59
貞 62
ただしい 正 11
ただす 糾 62
質 145
ただちに 直 49
たたみ 疊 173
たたむ 疊 173
ただよう 漂 128
ダチ 達 119
たち 質 145
タツ 達 119
たつ 立 17
建 53
起 79
裁 102
龍 152
斷 161
ダツ 脫 90
奪 131
たっとい 尊 100
貴 110
たつみ 巽 97
たて 盾 62
縱 158
たてまつる 奉 50
たとえる 例 37
たな 店 44
棚 103
たに 谷 29
溪 115
たね 種 132
たのしい 愉 102
樂 141
たのしむ 娯 68
たのむ 賴 154
たば 束 29
たび 度 56
旅 75
たべる 食 63
たま 玉 17
珠 74
球 89
彈 140
靈 175
たまう 給 108
たまき 環 157
たまご 卵 36
たましい 魂 136
靈 175
たまたま 偶 80
適 141
だまる 默 151
たまわる 賜 145
たみ 民 15

たむろ	屯	8
ため	爲	106
ためす	試	124
ためる	矯	158
たもつ	保	51
たより	便	51
たよる	頼	154
たりる	足	35
たれる	垂	37
たわむれる	戲	156
たわら	俵	65
タン	丹	6
	反	7
	但	26
	炭	56
	淡	84
	探	87
	單	98
	堪	100
	短	108
	嘆	127
	端	132
	誕	134
	壇	149
	擔	149
	膽	157
	鍛	159
ダン	男	34
	段	60
	暖	120
	團	127
	彈	140
	談	145
	壇	149
	斷	161

ち

チ	地	21
	池	21
	治	41
	知	49
	持	56
	致	60
	値	64
	恥	78
	置	121
	稚	122
	質	145
	遲	151
	癡	166
ち	千	3
	血	25
	乳	48
ちいさい	小	4
ちか	凡	2
	幾	102
	愛	120
	親	153
ちかい	近	46
	盟	121
ちかう	盟	121
	誓	134
ちがう	違	119
ちかし	幾	102
	親	153
ちから	力	2
	税	108
ちぎる	契	55
チク	竹	24
	畜	66
	逐	89
	蓄	130
	築	152
チチ	秩	76
ちち	父	9
	乳	48
ちぢまる	縮	158
ちぢむ	縮	158
ちぢれる	縮	158
チツ	秩	76
	窒	91
ちなみ	因	21
チャ	茶	73
チャク	着	110
	嫡	127
チュウ	丑	5
	中	6
	仲	18
	沖	30
	宙	39
	注	41
	抽	43
	忠	46
	柱	57
	衷	66
	晝	85
	駐	146
	蟲	163
	鑄	173
チュン	屯	8
チョ	猪	98
	貯	110
	著	118
	緒	143
チョウ	丁	2
	弔	8
	打	15
	兆	19
	町	34
	長	50
	挑	56
	重	60
	停	80
	彫	85
	帳	87
	張	87
	眺	92
	釣	95
	頂	95
	鳥	96
	朝	105
	脹	105
	超	112
	塚	116
	腸	119
	跳	123
	肇	133
	徵	137
	澄	138
	潮	138
	調	145
	懲	165
	鯛	168
	聽	173
	廳	176
チョク	直	49
	敕	91
ちる	散	106
	滿	128
チン	沈	30
	珍	59
	朕	74
	陳	83
	賃	123
	燈	151
	鎭	163

つ

ツ	通	89
	都	97
つ	津	54
ツイ	追	73
	對	131
	墜	139
ついで	序	32
ついに	遂	119

ついばむ 啄 83
ついやす 費 110
ツウ 通 89
痛 108
つか 束 29
塚 116
つがい 番 111
つかう 使 37
つがう 番 111
つかえる 仕 11
つかさ 司 13
つかさどる 司 13
つかまえる 捕 70
つかれる 疲 76
つかわす 遣 131
つき 月 10
つぎ 次 19
嗣 114
つきる 盡 131
つく 付 11
附 41
突 61
就 101
着 110
衝 137
つぐ 次 19
接 86
嗣 114
繼 169
つくえ 机 23
つくす 盡 131
つぐなう 償 155
つくる 作 26
造 89
創 97
つくろう 繕 162
つける 付 11
附 41
漬 128
つげる 告 29
つたえる 傳 113
つたない 拙 43
つたわる 傳 113
つち 土 4
壤 169
つちかう 培 85
つちのと 己 3
つつ 筒 109
銃 135
つづく 續 171
つつしむ 愼 117
兢 132
謹 163
つつみ 堤 100
つづみ 鼓 125
つつむ 包 12
つどう 集 112
つとむ 力 2
努 28
務 81
つとめる 努 28
勉 52
務 81
勤 113
つな 綱 132
つなぐ 維 132
つね 凡 2
恆 57
常 85
つの 角 35
つのる 募 118
つばさ 翼 163
つぶ 粒 93
つぶら 圓 114
つぼ 坪 42
つぼね 局 30
つま 妻 40
つまびらか 審 137
つみ 罪 121
つむ 摘 129
積 152
錘 154
つむぐ 紡 77
績 158
つめたい 冷 27
つめる 詰 123
つや 艷 175
つゆ 露 172
つよい 强 102
つよし 剛 66
豪 126
つら 面 64
つらい 辛 35
つらなる 連 89
つらぬく 貫 94
つらねる 列 22
陳 83
つる 弦 44
釣 95
つるぎ 劍 137
つれる 連 89
つわもの 兵 36

て

て 手 10
デ 弟 36
テイ 丁 2
低 26
廷 28
呈 29
弟 36
定 39
邸 39
抵 43
抵 43
底 44
哀 52
帝 56
貞 62
訂 63
庭 70
停 80
偵 80
堤 100
提 101
程 107
艇 123
禎 132
締 143
諦 153
體 175
てい 遞 131
デイ 泥 41
テキ 的 49
迪 59
笛 93
滴 128
摘 129
適 141
敵 142
でこ 凸 12
テツ 迭 59
哲 70
徹 137
撤 139
鐵 172
てら 寺 25
てる 光 21
晟 90
照 121
輝 145
でる 出 12
テン 天 8
店 44
典 50
展 69

	添	84
	殿	121
	槇	130
	點	160
	轉	163
デン	田	17
	傳	113
	殿	121
	電	124

と

ト	刀	1
	土	4
	斗	10
	吐	20
	度	56
	徒	68
	途	89
	都	97
	渡	100
	登	108
	塗	116
	圖	127
	賭	152
	頭	154
と	十	1
	人	1
	戸	10
	外	15
ド	土	4
	奴	13
	努	28
	度	56
	怒	58
トウ	刀	1
	冬	15
	投	31
	豆	35
	到	39
	東	48
	洞	54
	倒	64
	凍	66
	島	71
	唐	71
	桃	72
	逃	73
	胴	74
	納	77
	討	79
	陶	83
	悼	88
	透	89
	湯	100
	棟	103
	盜	107
	登	108
	痘	108
	等	109
	答	109
	筒	109
	統	109
	當	115
	塔	116
	搭	116
	道	119
	稻	143
	踏	144
	燈	151
	糖	152
	頭	154
	謄	157
	藤	165
	騰	169
	黨	169
	讀	173
	鬪	176
とう	任	18
	問	95
ドウ	同	18
	洞	54
	胴	74
	動	81
	堂	85
	童	107
	働	113
	道	119
	銅	135
	導	149
	瞳	158
とうげ	峠	56
とうとい	尊	100
	貴	110
とお	十	1
とおい	遠	131
とおる	亙	23
	通	89
	透	89
	徹	137
とが	科	61
とき	時	74
トク	特	71
	匿	81
	得	82
	督	122
	德	137
	篤	152
	讀	173
とく	解	124
	說	134
とぐ	研	91
ドク	毒	48
	特	71
	獨	148
	讀	173
とげ	刺	39
とける	溶	115
	融	152
とげる	遂	119
とこ	床	32
	常	85
ところ	所	48
	處	93
とし	年	25
	利	27
	季	49
	俊	51
	敏	91
	歲	117
	壽	127
	聰	159
	齡	171
とじる	閉	95
トツ	凸	12
	突	61
とつぐ	嫁	114
とどく	屆	42
とどける	屆	42
とどこおる	滯	128
ととのう	調	145
ととのえる	整	151
とどまる	留	76
	停	80
となえる	唱	82
	稱	132
となり	隣	138
との	外	15
	殿	121
どの	殿	121
とばり	帳	87
とびら	扉	105
とぶ	飛	63
	翔	110
	跳	123
とぼしい	乏	5
とまる	止	10

泊 41
とみ 富 97
とむ 富 97
とむらう 弔 8
とめる 留 76
とも 友 7
共 24
伴 27
那 28
供 36
朋 47
具 49
知 49
倫 65
朝 105
ともえ 巴 6
ともしび 燈 151
ともなう 伴 27
とよ 豊 163
とらえる 囚 14
捕 70
とり 鳥 96
とりこ 虜 122
とる 把 31
取 38
采 48
捕 70
採 86
執 96
撮 139
攝 171
どろ 泥 41
トン 屯 8
豚 90
團 127
とん 問 95
ドン 鈍 112
曇 151

な

ナ 那 28
南 52
納 77
な 勿 6
名 22
菜 104
ナイ 乃 1
内 6
ない 亡 3
無 106
なえ 苗 58
なえる 萎 103
なお 尚 42
猶 98
なおす 直 49
なおる 治 41
なか 中 6
仲 18
ながい 永 14
長 50
なかば 半 12
央 14
ながめる 眺 92
なかれ 勿 6
ながれる 流 69
なぎさ 渚 99
なく 泣 41
鳴 127
なぐさめる 慰 141
なぐる 撲 139
毆 142
なげく 嘆 127
なげる 投 31
なごむ 和 49
なさけ 情 88
なす 爲 106
なずむ 泥 41
なぞらえる 準 115
擬 156
ナッ 納 77
なつ 夏 70
なつかしい 懷 165
など 等 109
ななつ 七 1
ななめ 斜 90
なに 何 26
なの 七 1
なま 生 16
なまける 怠 58
なまめかしい 艶 175
なまり 鉛 125
なみ 波 41
竝 65
浪 69
なみだ 淚 84
なめらか 滑 115
なやむ 惱 102
ならう 倣 65
習 93
ならぶ 竝 65
なり 也 2
成 32
業 117
なる 成 32
なれる 慣 129
なわ 苗 58
繩 166
ナン 男 34
南 52
納 77
軟 94
難 167
なん 何 26
なんぞ 那 28

に

ニ 二 1
仁 5
尼 14
兒 38
貳 100
餌 146
に 丹 6
荷 88
にい 新 117
におい 臭 78
におう 匂 6
にがい 苦 58
にぎる 握 101
ニク 肉 23
にくむ 憎 140
にげる 逃 73
にごる 濁 148
にし 西 25
にじゅう 廿 5
にせ 僞 126
にせる 似 26
ニチ 日 10
になう 擔 149
にぶい 鈍 112
ニャ 若 58
ニャク 若 58
ニュウ 入 1
乳 48
柔 58
ニョ 女 3
如 20
ニョウ 女 3
尿 30
にる 似 26
煮 120
にわ 庭 70
にわとり 鷄 172
ニン 人 1
刃 4
仁 5

壬 5
任 18
妊 28
忍 33
認 134

ぬ

ヌ 奴 13
怒 58
ぬう 縫 158
ぬく 抽 43
抜 43
ぬぐ 脱 90
ぬくい 温 115
ぬさ 幣 139
ぬし 主 11
ぬすむ 盗 107
竊 173
ぬの 布 15
ぬま 沼 41
ぬる 塗 116

ね

ネ 禰 166
ね 子 3
音 63
値 64
根 72
ネイ 寧 126
ねがう 願 167
ねこ 猫 98
ネツ 熱 142
ねばる 粘 93
ねむる 眠 76
ねる 寝 126
練 144
鍊 160
ネン 年 25
念 46
粘 93
燃 151
ねんごろ 懇 157

の

の 乃 1
之 3
野 96
ノウ 能 65
納 77
惱 102
腦 120
農 124
濃 148
のがす 逃 73
のき 軒 79
のこす 遺 150
のこる 殘 102
のせる 載 117
のぞく 除 68
のぞむ 希 31
望 90
臨 163
のち 後 53
のっとる 則 52
のばす 伸 26
のびる 伸 26
延 28
のぶ 伸 26
延 28
宜 39
信 51
宣 53
展 69
喜 99
のべる 宣 53
述 58
陳 83
のぼる 上 2
昇 48
登 108
のむ 飲 125
のり 了 2
永 14
式 22
伯 26
宜 39
法 42
典 50
則 52
度 56
紀 62
倫 65
規 95
稚 122
儀 136
德 137
範 144
憲 147
のる 乘 65
のろい 鈍 112

は

ハ 巴 6
把 31
波 41
派 55
破 75
覇 167
は 刃 4
土 4
羽 24
葉 118
端 132
齒 147
バ 馬 79
婆 82
ば 庭 70
場 100
ハイ 杯 45
肺 47
拜 56
背 59
俳 64
配 79
排 87
敗 94
廢 140
罷 142
輩 145
バイ 貝 35
枚 45
倍 65
陪 83
培 85
梅 88
媒 97
買 106
賣 138
賠 145
はい 灰 18
はいる 入 1
はえる 生 16
映 59
榮 130
はか 墓 130
はがね 鋼 153
はかる 計 63
料 77
測 99
量 105
圖 127
諮 153
謀 153
ハク 白 16
伯 26
泊 41

	拍	43
	迫	59
	剝	66
	舶	94
	博	96
	薄	157
はく	吐	20
	掃	87
	履	138
はぐ	剝	66
バク	博	96
	麥	96
	漠	128
	幕	130
	暴	142
	縛	152
	爆	166
はげしい	烈	75
	劇	137
	激	148
はげむ	勵	155
ばける	化	5
はこ	箱	144
はこぶ	運	119
はさむ	挾	70
はし	端	132
	節	144
	橋	150
はじ	恥	78
はじめ	元	7
	初	34
	肇	133
はじめる	始	39
	創	97
はしら	柱	57
はしる	走	35
	奔	55
はじる	恥	78
はす	蓮	141
はずかしめる	辱	65
はずす	外	15
はずむ	彈	140
はぜる	爆	166
はた	畑	60
	旗	131
	端	132
	機	150
はだ	肌	23
	膚	144
はだか	裸	121
はたけ	畑	60
はたす	果	46
はたらく	働	113
ハチ	八	1
	鉢	125
バチ	罰	131
ハツ	八	1
	發	108
	鉢	125
	髮	146
はつ	初	34
	肇	133
ハッ	法	42
バツ	末	15
	伐	18
	拔	43
	罰	131
	閥	135
はて	果	46
はてる	果	46
はな	花	46
	華	103
	鼻	136
はなし	話	124
はなす	放	49
	話	124
	離	167
はなはだ	甚	64
はなぶさ	英	58
はなれる	離	167
はね	羽	24
はねる	跳	123
はは	母	17
はば	幅	101
ばば	婆	82
はばむ	阻	40
はぶく	省	62
はべる	侍	37
はま	濱	156
はや	逸	104
はやい	早	23
	速	89
はやし	林	45
はら	原	65
	腹	120
はらう	拂	44
はらむ	妊	28
	胎	59
	娠	68
はらわた	腸	119
はり	針	79
はる	春	60
	美	62
	張	87
はるか	遙	131
はれる	脹	105
	晴	105
ハン	凡	2
	反	7
	半	12
	犯	14
	帆	21
	汎	21
	伴	27
	判	27
	坂	30
	板	45
	版	45
	班	74
	畔	75
	般	78
	販	94
	搬	116
	煩	120
	頒	125
	飯	125
	範	144
	繁	159
	藩	165
バン	伴	27
	判	27
	坂	30
	板	45
	晩	90
	番	111
	萬	118
	盤	143
	蠻	176

ひ

ヒ	比	9
	皮	17
	妃	20
	否	29
	批	31
	卑	37
	彼	40
	泌	42
	披	44
	肥	47
	非	50
	飛	63
	被	75
	疲	76
	祕	76
	悲	104

扉 105
費 110
碑 121
罷 142
避 157
ひ 火 10
日 10
氷 14
陽 99
燈 151
ビ 比 9
尾 30
美 62
備 96
微 114
鼻 136
彌 156
ひいでる 秀 34
英 58
ひいらぎ 柊 57
ひえる 冷 27
ひかえる 控 86
ひがし 東 48
ひかり 光 21
ひかる 光 21
ひき 匹 7
ひきいる 率 81
ひく 引 8
抽 43
彈 140
ひくい 低 26
ひくまる 低 26
ひくめる 低 26
ひこ 彦 55
ひさ 壽 127
ひさし 永 14
恆 57
壽 127
龜 154
ひさしい 久 3
ひじ 土 4
ひじり 聖 119
ひそか 密 82
ひそかに 竊 173
ひそむ 潛 138
ひたい 額 164
ひたす 浸 69
ひだり 左 14
ヒツ 匹 7
必 16
泌 42
筆 109
ひつじ 未 15
羊 24
ひで 秀 34
英 58
ひと 人 1
仁 5
ひどい 酷 134
ひとえ 單 98
ひとしい 均 30
等 109
齊 126
ひとつ 一 1
壹 99
ひとみ 瞳 158
ひとや 獄 127
ひとり 獨 148
ひのえ 丙 11
ひのと 丁 2
ひびく 響 173
ひま 閑 112
暇 120
ひめ 姬 67
媛 97
ひめる 祕 76
ヒャク 百 23
ビャク 白 16
ヒョウ 氷 14
兵 36
拍 43
表 50
俵 65
票 93
評 111
漂 128
標 140
ビョウ 平 13
苗 58
秒 61
病 76
猫 98
描 101
ひら 平 13
枚 45
ひらく 拓 43
披 44
開 112
墾 149
ひる 干 4
晝 85
ひるがえる 翻 162
ひろ 洋 55
浩 69
博 96
尋 100
普 106
ひろ 裕 107
ひろい 弘 15
寬 137
廣 139
ひろう 拾 56
ひろげる 擴 161
ひろし 完 27
洋 55
浩 69
博 96
普 106
裕 107
ヒン 品 54
貧 94
賓 127
頻 154
濱 156
ビン 便 51
敏 91
貧 94
瓶 121

ふ

フ 不 5
夫 8
父 9
付 11
布 15
扶 31
步 33
附 41
府 44
怖 45
負 63
赴 63
風 63
浮 69
婦 82
符 93
富 97
普 106
腐 129
敷 142
膚 144
賦 145
譜 170
ブ 不 5
分 7
步 33

武 42
奉 50
侮 51
部 82
無 106
舞 133
フウ 夫 8
封 55
風 63
富 97
ふえ 笛 93
ふえる 殖 102
増 139
ふかい 深 84
ふき 吹 28
フク 伏 18
服 47
副 81
復 98
幅 101
腹 120
複 131
福 132
覆 162
ふく 吹 28
噴 148
ふくむ 含 29
ふくれる 脹 105
膨 151
ふくろ 袋 93
ふける 老 25
更 33
ふさ 房 47
總 158
ふし 伏 18
節 144
ふじ 藤 165
ふす 伏 18
ふせぐ 防 29
ふせる 伏 18
ふた 蓋 130
ふだ 札 15
ぶた 豚 90
ふたたび 再 24
ふたつ 二 1
兩 37
雙 164
ふち 緣 143
フツ 佛 27
沸 42
拂 44
ブツ 佛 27
物 45
ふで 筆 109
ふとい 太 8
ふところ 懷 165
ふとし 太 8
ふとる 肥 47
ふな 舟 24
船 94
ふね 舟 24
船 94
ふみ 文 10
史 14
籍 169
ふむ 踏 144
踐 144
ふゆ 冬 15
ふる 降 54
振 70
ふるい 古 13
故 60
舊 161
ふるう 揮 101
震 146
奮 149
ふれる 觸 170
フン 分 7
粉 77
紛 77
雰 112
噴 148
墳 149
奮 149
憤 150
ブン 分 7
文 10
蚊 78
聞 136

へ

へ 戸 10
べ 邊 165
ヘイ 丙 11
平 13
兵 36
坪 42
柄 57
竝 65
倂 65
陛 68
病 76
閉 95
甁 121
塀 129
幣 139
弊 139
蔽 148
餠 160
ベイ 皿 16
米 23
ヘキ 壁 149
癖 162
べし 可 13
へだてる 距 110
隔 115
ベツ 別 27
べに 紅 62
へび 蛇 94
へりくだる 謙 159
へる 減 99
經 122
歷 147
ヘン 片 9
返 46
偏 81
遍 119
編 144
邊 165
變 174
ベン 便 51
勉 52
辨 153
瓣 169
辯 172

ほ

ホ 歩 33
保 51
浦 69
捕 70
畝 76
補 107
舖 137
ほ 火 10
帆 21
穗 158
ボ 母 17
募 118
墓 130
模 140
慕 141
暮 141
簿 166
ホウ 方 10
包 12

	邦	28
	泡	42
	法	42
	抱	44
	芳	46
	朋	47
	放	49
	奉	50
	封	55
	胞	59
	倣	65
	俸	65
	剖	66
	峰	71
	砲	75
	崩	87
	訪	95
	報	100
	棚	103
	飽	135
	褒	155
	縫	158
	豐	163
	鵬	166
	寶	168
ほう	北	12
ボウ	亡	3
	乏	5
	矛	17
	妄	20
	忙	21
	妨	28
	防	29
	坊	31
	忘	33
	房	47
	肪	47
	某	57
	冒	62
	剖	66
	畝	76
	紡	77
	望	90
	傍	96
	帽	101
	棒	103
	貿	111
	暴	142
	膨	151
	謀	153
ほうむる	葬	118
ほお	朴	23
ほか	他	11
	外	15
ほがらか	朗	90
ホク	北	12
ボク	木	9
	目	17
	朴	23
	牧	45
	僕	126
	撲	139
	墨	146
ほこ	矛	17
ぼこ	凹	12
ほこる	誇	124
ほし	星	60
ほしい	欲	88
ほす	干	4
ほそい	細	92
ほたる	螢	152
ホツ	發	108
ホッ	法	42
ボツ	沒	30
ボッ	坊	31
ほっする	欲	88
ほど	程	107
ほとけ	佛	27
ほどこす	施	60
ほとり	畔	75
	邊	165
ほね	骨	80
ほのお	炎	49
ほぼ	略	92
ほまれ	譽	170
ほめる	褒	155
	譽	170
	讚	176
ほら	洞	54
ほり	堀	86
ほる	彫	85
	掘	86
	堀	86
ほろびる	亡	3
	滅	115
ホン	反	7
	本	15
	奔	55
	翻	162
ボン	凡	2
	盆	61
	煩	120
ま		
マ	馬	79
	痲	95
	摩	146
	磨	154
	魔	172
ま	目	17
	眞	76
	馬	79
	間	112
マイ	米	23
	毎	34
	妹	40
	枚	45
	埋	70
まい	舞	133
まいる	參	85
まう	舞	133
まえ	前	59
まかせる	任	18
	委	49
まかなう	賄	123
まかる	罷	142
まがる	曲	25
まき	巻	38
	牧	45
	槇	130
	薪	156
まぎれる	紛	77
マク	幕	130
	膜	141
まく	巻	38
まける	負	63
まご	孫	68
まこと	允	7
	誠	134
まさ	方	10
	正	11
	雅	112
まさに	將	89
まさる	大	4
	卓	38
	勝	104
	優	155
まざる	雜	163
まじる	交	18
まじわる	交	18
ます	升	5
	益	75
	增	139
まずしい	貧	94
ますます	益	75
まぜる	混	84

また 又 2
全 19
復 98
またたく 瞬 158
まち 町 34
待 53
街 97
マツ 末 15
抹 44
まつ 松 45
待 53
まったく 全 19
完 27
まつり 祭 92
まつる 祭 92
まと 的 49
まど 窓 91
まどう 惑 102
まなこ 眼 92
まなぶ 學 148
まぬかれる 免 27
まねく 招 43
まばら 疎 108
まぼろし 幻 8
まま 繼 169
まめ 豆 35
まもる 守 20
衞 148
護 172
まゆ 繭 165
まゆずみ 黛 160
まよう 迷 73
まる 丸 2
圓 114
まるい 丸 2
圓 114
まれ 希 31
まろ 丸 2
麿 164
まわり 周 40
まわる 回 21
マン 萬 118
漫 128
滿 128
慢 129

み

ミ 未 15
味 40
美 62
魅 146
彌 156
み 水 10
身 35
海 69
御 97
實 127
みがく 研 91
磨 154
みかど 帝 56
みき 幹 117
みぎ 右 13
みこと 命 38
尊 100
みことのり 敕 91
詔 111
みさお 操 149
みさき 岬 44
みささぎ 陵 84
みじかい 短 108
みじめ 慘 129
みず 水 10
みずうみ 湖 99
みずから 自 24
みずのえ 壬 5
みせ 店 44
みぞ 溝 115
みだり 妄 20
みだれる 亂 120
濫 161
みち 迪 59
倫 65
徑 68
途 89
道 119
路 123
みちびく 導 149
みちる 充 19
滿 128
ミツ 密 82
みつ 三 2
充 19
光 21
完 27
みつぐ 貢 78
みっつ 三 2
みつる 充 19
滿 128
みとめる 認 134
みどり 翠 133
綠 133
みな 水 10
皆 61
みなと 港 99
みなみ 南 52
みなもと 源 115
みにくい 醜 159
みね 峰 71
みのる 實 127
みみ 耳 24
みや 宮 67
ミャク 脈 74
みやこ 都 97
みやびやか 雅 112
ミョウ 名 22
妙 28
命 38
明 47
苗 58
みる 見 35
看 62
視 107
診 111
監 143
覽 173
觀 176
ミン 民 15
明 47
眠 76

む

ム 矛 17
武 42
務 81
無 106
夢 130
謀 153
霧 167
むかう 向 21
むかえる 迎 46
むかし 昔 48
むぎ 麥 96
むく 向 21
むくいる 報 100
酬 124
むこ 壻 100
むごい 慘 129
酷 134
むこう 向 21
むし 蟲 163
むす 蒸 130
むずかしい 難 167
むすぶ 結 108
むすめ 娘 67
孃 168
むつ 六 6

読み	字	頁
むっつ	六	6
むな	胸	74
	棟	103
むなしい	空	49
	虚	110
むね	旨	23
	宗	39
	胸	74
	棟	103
むら	村	32
むらがる	群	122
むらさき	紫	109
むれる	群	122
むろ	室	53

め

読み	字	頁
メ	馬	79
め	女	3
	目	17
	芽	46
	眼	92
	雌	135
メイ	名	22
	命	38
	明	47
	迷	73
	盟	121
	鳴	127
	銘	135
めぐみ	恩	73
	愛	120
めぐむ	恵	104
	徳	137
めくら	盲	49
めぐる	回	21
	巡	33
	旋	91
めし	飯	125
めす	召	13
	雌	135
めずらしい	珍	59
メツ	滅	115
めでる	愛	120
メン	免	27
	面	64
	綿	132
	麪	170

も

読み	字	頁
モ	母	17
	茂	58
	模	140
も	喪	98
	最	105
	藻	169
モウ	亡	3
	毛	9
	妄	20
	盲	49
	耗	78
	猛	83
	望	90
	網	132
もうける	設	95
もうす	申	16
もえる	燃	151
モク	木	9
	目	17
	默	151
もぐる	潜	138
もしくは	若	58
モチ	勿	6
もち	望	90
	餅	160
もちいる	用	17
モツ	物	45
もつ	持	56
もって	以	12
もっとも	最	105
もっぱら	専	85
もと	下	2
	元	7
	本	15
	固	40
	素	77
	資	123
もとい	基	86
もどき	擬	156
もどす	戻	47
もとづく	基	86
もとめる	求	36
もの	物	45
	者	60
ものいみ	齋	157
もも	百	23
	桃	72
もよおす	催	113
もり	守	20
	森	103
もる	盛	107
	漏	129
もろ	兩	37
	師	70
	諸	153
モン	文	10
	紋	77
	問	95
	聞	136
もんめ	匁	6

や

読み	字	頁
ヤ	也	2
	夜	37
	野	96
や	矢	17
	宅	20
	谷	29
	屋	55
	家	67
	彌	156
やいば	刃	4
やかた	館	160
やから	輩	145
ヤク	厄	6
	役	28
	約	62
	疫	62
	益	75
	藥	165
	譯	170
	躍	172
やく	焼	151
やけ	宅	20
やさしい	易	48
	優	155
やしき	邸	39
やしなう	養	144
やしろ	社	49
やす	那	28
	保	51
	容	67
	泰	75
	康	87
	靖	122
	寧	126
やすい	安	20
	易	48
やすし	泰	75
	靖	122
やすむ	休	18
やせる	痩	146
やつ	八	1
	奴	13
やっこ	奴	13
やっつ	八	1
やど	宿	82

やとう 雇 105
やなぎ 柳 57
やぶる 破 75
やぶれる 敗 94
やま 山 4
やまい 病 76
やみ 闇 160
やむ 病 76
やめる 罷 142
辭 167
やる 遣 131
やわらか 軟 94
やわらかい 柔 58
やわらぐ 和 49

ゆ

ユ 由 16
油 42
愉 102
遊 119
諭 153
輸 153
癒 162
ゆ 湯 100
ユイ 由 16
唯 83
維 132
遺 150
ユウ 友 7
右 13
由 16
有 22
幽 51
勇 52
祐 75
郵 82
悠 88
猶 98
湧 100
裕 107
雄 112
遊 119
誘 134
憂 139
融 152
優 155
ゆう 夕 4
結 108
ゆうべ 夕 4
ゆえ 故 60
ゆか 床 32
ゆき 之 3
元 7
如 20
征 40
雪 95
ゆく 之 3
行 20
征 40
往 40
逝 89
ゆずる 讓 175
ゆたか 裕 107
豐 163
ゆだねる 委 49
ゆび 指 56
ゆみ 弓 4
ゆめ 夢 130
ゆるい 緩 143
ゆるす 赦 91
許 94
ゆれる 搖 116

よ

ヨ 與 114
預 125
豫 152
餘 154
譽 170
よ 世 11
代 11
四 14
夜 37
よい 良 36
佳 36
宵 67
善 110
ヨウ 幼 13
用 17
羊 24
要 53
洋 55
容 67
庸 87
陽 99
揚 101
溶 115
搖 116
葉 118
腰 119
遙 131
踊 133
樣 140
窯 142
養 144
擁 149
謠 159
曜 161
燿 161
耀 170
よう 八 1
醉 146
ようやく 漸 128
ヨク 抑 31
浴 69
欲 88
翌 94
翼 163
よこ 横 150
よこしま 邪 28
よごす 汚 21
よし 由 16
好 20
如 20
吉 22
佳 36
良 36
叔 38
芳 46
美 62
能 65
淑 84
祥 92
喜 99
賀 110
溫 115
義 122
禎 132
慶 139
よそおう 粧 109
裝 118
よつ 四 14
よっつ 四 14
よね 米 23
よぶ 呼 40
喚 98
よむ 詠 111
讀 173
よめ 嫁 114
より 寄 81
賴 154
よる 因 21
依 36
夜 37
寄 81
據 149

よろこび　歡 173
慶 139
よろこぶ　悅 71
喜 99
よろしい　宜 39
よろず　萬 118
よわい　弱 71
齡 171
よん　四 14

ら

ラ　裸 121
羅 166
ら　良 36
等 109
ライ　來 38
雷 124
賴 154
禮 162
瀨 164
ラク　絡 109
落 118
酪 124
樂 141
ラン　卵 36
亂 120
濫 161
藍 165
蘭 171
欄 171
覽 173

り

リ　吏 22
利 27
里 33
理 90
痢 108
裏 114
履 138
離 167
リキ　力 2
リク　六 6
陸 83
リチ　律 54
リツ　立 17
律 54
リツ　率 81
リャク　略 92
リュウ　立 17
柳 57
流 69
留 76
粒 93
隆 99
硫 107
龍 152
リョ　旅 75
虜 122
慮 144
リョウ　了 2
令 12
良 36
兩 37
料 77
涼 84
陵 84
量 105
僚 126
漁 128
領 136
寮 137
遼 151
龍 152
療 158
獵 161
糧 162
靈 175
リョク　力 2
綠 133
リン　林 45
厘 52
倫 65
鈴 125
隣 138
輪 145
臨 163
麟 175

る

ル　流 69
留 76
ルイ　淚 84
累 92
壘 162
類 168

れ

レイ　令 12
冷 27
例 37
戾 47
零 124
鈴 125
領 136
勵 155
隸 160
禮 162
麗 168
齡 171
靈 175
レキ　曆 147
歷 147
レツ　列 22
劣 25
烈 75
裂 109
レン　連 89
廉 117
蓮 141
練 144
鍊 160
鎌 163
戀 174

ろ

ロ　路 123
爐 169
露 172
ロウ　六 6
老 25
郎 67
浪 69
朗 90
勞 96
廊 117
漏 129
樓 141
糧 162
瀧 164
露 172
ロク　六 6
祿 121
綠 133
錄 154
ロン　論 145

わ

ワ　和 49
話 124
わ　我 32
輪 145
環 157
ワイ　賄 123
わか　幼 13
稚 122

わかい	若	58
わかる	判	27
わかれる	別	27
	岐	32
ワク	惑	102
わく	沸	42
	枠	46
	湧	100
わけ	譯	170
わける	分	7
わざ	技	31
	術	82
	業	117
わざと	態	130
わざわい	災	34
	禍	132
わずらう	患	88
わずらわしい	煩	120
わすれる	忘	33
	遺	150
わた	綿	132
わたくし	私	34
わたる	亙	23
	渉	69
	渡	100
わらう	笑	77
わらべ	童	107
わり	割	97
わる	割	97
わるい	惡	104
われ	我	32
ワン	腕	105
	灣	176